人《ひと》をあるく

源頼朝と鎌倉

坂井孝一

吉川弘文館

『源頼朝と鎌倉』◆目次

鎌倉幕府創設者の葛藤……7
頼朝の成功と苦難／四つの危機／頼朝と鎌倉

I 源頼朝の履歴書……13

一 苦難の時代 14
源頼朝の父義朝／義朝の中央政界進出／最初の危機「平治の乱」／助命嘆願と伊豆配流／最初の配流地「伊東」／祐継・祐経・祐親／「伊東」から「北条」へ

二 挙兵から平氏滅亡へ 32
以仁王の乱／決死の挙兵「山木攻め」／生涯最大の危機「石橋山合戦」／安房への渡海と再起／富士川合戦／義経参向から佐竹攻めへ／鎌倉殿の誕生／木曾義仲の上洛／「十月宣旨」と義仲の滅亡／政権基盤の強化と整備／平氏の滅亡

三 天下落居へ 57

伊豆山神社　頼朝・政子腰掛け石

源頼朝配流の地

義経の没落／文治の守護・地頭／鎌倉の静御前／奥州合戦／挙兵後、初の上洛／征夷大将軍／実朝誕生と永福寺落慶供養

四　頼朝晩年の幕府と朝廷　70

富士野の巻狩／曾我兄弟の敵討ち／事件の真相／王権への視線／突然訪れた最期／跡を継ぐ者たち

コラム　源頼朝の風貌　82

人物相関　86

源義朝／源義経／源範頼／大姫／源頼家／北条時政／北条政子／源義仲／源義高（清水義高）／後白河天皇（院）／上西門院統子／以仁王／九条兼実／源通親／平清盛／池禅尼／平時子／平時忠／平宗盛／平重衡

Ⅱ　幕府の創設と都市鎌倉……91

一　鎌倉幕府の組織と制度　92

鎌倉殿・大倉御所・侍所／政所・問注所／守護・地頭／御家人制／右近衛大将・征夷大将軍

鶴岡八幡宮二の鳥居

真鶴　岩海岸

二　都市鎌倉の建設　106
鶴岡八幡宮／若宮大路・横大路・六浦道／勝長寿院・永福寺／御家人たちの邸宅・宿所／七つの切通／法華堂
コラム　「文士」の御家人たち　122

Ⅲ　源頼朝を歩く……125
最初の配流地「伊東」／挙兵の地「北条」／頼朝と政子が結ばれた地「伊豆権現」／生涯最大の危機の地「石橋山」／頼朝を支えた土肥実平の本拠地「土肥郷」／再起の地「真鶴・安房」／勝利と成功の地「鎌倉」①―ふたつの八幡宮／勝利と成功の地「鎌倉」②―大倉幕府とふたつの大寺院／天下落居の地「平泉」／二所詣と曾我兄弟ゆかりの地「箱根権現」／巻狩と敵討ちの地「富士野」／頼朝が葬られた地「鎌倉の法華堂」

参考文献　156
源頼朝略年表　158

毛越寺庭園

伊豆権現（伊豆山神社）

鎌倉幕府創設者の葛藤

頼朝の成功と苦難

源頼朝に対する一般的なイメージとはどのようなものだろうか。おそらくは、多くの人が「イイクニつくろう鎌倉幕府」という語呂合わせを思い浮かべ、栄華をきわめた平家を打倒し、史上初の武家政権である鎌倉幕府を創設した勝利者、人生の成功者と答えるのではないだろうか。また、血を分けた実の弟で、奇策を自在に駆使して平氏軍を攻略した天才的な戦術家義経を、自身が築いた権力を守るために攻めたて、死に追いやった冷酷な独裁者と答える人もいるであろう。いずれにせよ、史上まれにみる冷徹な政治家というイメージが、頼朝に対する一般的な評価として定着しているように見受けられる。

確かに、鎌倉幕府の創設にとどまらず、室町幕府・江戸幕府へと続く武家政治を創始した人物という観点からすれば、また平氏の人々はもちろん、奥州藤原氏や実弟の義経・範頼《のりより》といった、数多くの敵対者の命を容赦なく奪ったという事実に照らし合わせれば、こうした評価・イメージも決して間違いではない。しかし、そこには見過ごされ、一般にはほとんど認識されることのない要素がある。それは、頼朝が体験しなくてはならなかった命の危機、そして悲しくつらい試練である。頼朝は何の苦も無く勝利や成功を手にしたわけでも、冷徹な独裁者として君臨したわけでもない。むしろ危機や試練と戦い、厳しい葛藤に打ち勝つことによってはじめて勝利を手にし、君臨することができたのである。

四つの危機

頼朝は、その生涯において命を奪われるかもしれない危機を四回経験している。それは事故や病気といったたぐいのものではない。文字通り「命を奪われる」危機である。第一の危機は、数え年で一四歳、現代でいえば中学一年生ぐらいの少年の時に訪れた。「平治の乱」の敗北である。父を失い、囚われの身となった頼朝は、処刑される瀬戸際まで追いつめられた。しかし、幸いにも一命を救われ、伊豆の伊東に流罪《るざい》となった。とはいえ、頼りとしてきた父はすでにこの世にはなく、兄弟や従者とも引き離された孤独な流人《るにん》生活である。周囲は敵対者に固められ、いつ流罪の決定が処刑へとくつがえされるかわからない境遇である。悲しみ、不安、そして恐怖が一四歳の多感な少年の心を襲ったに違いない。

第二の危機は、そうした苦難の流人時代に訪れた。伊東の領主との間に問題を起こし、夜討ちをかけられる危機に直面したのである。この時も、間一髪で伊東から北条へと脱出し、何とか命をつなぐことができた。

その後、北条で保護を受け、平和な生活を手に入れたかにみえた頼朝であったが、そこに都から危急の知らせが届く。栄華に陰りのみえた平氏が、伊豆に配流《はいる》した源氏の嫡流《ちゃくりゅう》の存在を危険視し、その命を狙い始めたのである。第三の危機の到来である。

時代は治承《じしょう》・寿永《じゅえい》の全国的な内乱へと動き始めていた。平家の追及の手をかわして逃亡するか、決死の挙兵に踏み切り、抵抗を試みるか。決断を迫られた頼朝は、再び戦乱の渦中に身を投じる覚悟を決めた。そして、北条氏をはじめとするわずかな手勢で奇襲をしかけ、かろうじて挙兵の初戦を勝利で飾ることができた。

むろん、戦いは始まったばかりである。たちまち相模の石橋山《いしばしやま》で平氏方の軍勢の挟み撃ちにあい、惨敗を喫してしまった。第四の危機にして、生涯最大の危機である。しかし、いくつかの幸運も重なり、頼朝は奇跡的な再起を遂げる。かくして惨敗から一カ月半後、馳せ集まった軍勢を従えて、頼朝は鎌倉入りを果たしたのであった。

洞窟の頼朝

このようにみてくると、勝利者・成功者・独裁者と思われがちの頼朝が、どれほど悲しくつらい思いに沈み、どれほど不安や苦悩にさいなまれてきたかがわかるであろう。苦難の時代に失ったもの、背負うことになったもの、その大きさや深さは計り知れないものであったと想像される。こうした心の闇に迫ることなく、頼朝という人物を評価すべきではない。

頼朝と鎌倉

本書は、この頼朝の生涯と鎌倉につい

て、三つの章を立てて叙述していく。第Ⅰ章は「頼朝の履歴書」と題して、その波乱の生涯を追う。そこでは平安末・鎌倉初期の歴史上の諸事件だけでなく、頼朝の苦悩や悲しみ、勝利の喜びについても言及する。中世初頭という時代の歴史の中に、頼朝という一個の人間の人物史を位置づけることになる。

続く第Ⅱ章では、「幕府の創設と都市鎌倉」と題し、第Ⅰ章で論及できなかった鎌倉幕府の組織・制度や、鎌倉という都市の建設について述べていく。その際、重要になってくるのが、鎌倉幕府はいつ成立したのかという問題である。

一般には「イイクニ」という語呂合わせから、西暦一一九二年、和暦の建久三年が幕府の成立した年とみなされているようであるが、学問的な立場からすると、それでは正確とはいえない。一一九二年＝建久三年はあくまで頼朝が征夷大将軍に任官した年であって、武家政権としての幕府が成立した年ではないと考えるのである。なぜなら、それ以前から頼朝の築いた権力体に、武家政権の本質・実態が備わっていることが確認できるからである。

では、鎌倉幕府の成立はいつなのか。現在までにおおよそ五つの学説が提示されている。

①治承四年（一一八〇）一二月成立説
②寿永二年（一一八三）一〇月成立説
③文治元年（一一八五）一一月成立説

④建久元年（一一九〇）一一月成立説
⑤建久三年（一一九二）七月成立説

詳しくは第Ⅱ章で述べるが、鎌倉幕府は①から⑤の画期を経て、段階的に武家政権としての内容を備え、形式を整えていったとみなすのが歴史の実態に即した理解であると考えられる。本書もこの立場から幕府の組織・制度について述べることになる。

第Ⅱ章では、都市鎌倉の建設の様相についても叙述する。数え年五三歳、満年齢でいうと五二歳で亡くなった頼朝は、後半生の一八年余を鎌倉で過ごした。少年時代の一三年余は都で、流人時代の二一年ほどを伊豆で送った頼朝にとって、四つの危機を乗り越えた末に到達したのが鎌倉であった。鎌倉は頼朝の勝利と成功を具現化した場だったといえよう。とはいえ、鎌倉入りした当初は頼朝が住む御所もなく、水はけの悪い湿地帯が広がる草深い土地であった。その鎌倉を、頼朝がどのような都市に建設していったのか述べていく。

最後の第Ⅲ章は、「人をあるく」という本シリーズの特徴をそのまま形にした章である。頼朝の生涯をあるくように、ゆかりの史跡を著者が訪ね、自ら写真を撮影した。そして、現在のありのままの姿に、時間の流れの中で朽ち果て、消え去った過去の姿を重ね合わせ、頼朝の時代から現在に至る歴史の重みが理解できるよう努めた。史跡を通じて、頼朝の時代に、頼朝という人物に思いをはせていただければ幸いである。

I

源頼朝の履歴書

源頼朝の略歴

久安	3年(1147)	源義朝の三男として生まれる
平治	元年(1159)	平治の乱で敗れ逃亡
永暦	元年(1160)	平家に捕らえられ伊豆国に流罪
治承	4年(1180)	挙兵。石橋山の戦いに敗れ安房に逃れる。味方する武士たちを糾合し、鎌倉に入る
寿永	2年(1183)	範頼・義経を派遣、義仲ついで平家を追討させる
文治	元年(1185)	平氏滅亡。義経の鎌倉入りを許さず。義経没落
文治	5年(1189)	義経を匿った奥州藤原氏を滅ぼす
建久	元年(1190)	上洛。権大納言・右大将に任じられる
建久	3年(1192)	征夷大将軍に任じられる
建久	10年(1199)	落馬のため死亡

一　苦難の時代

源頼朝の父義朝

源頼朝《みなもとのよりとも》は、久安三年（一一四七）、源義朝《みなもとのよしとも》を父、また三種の神器《じんぎ》のひとつ草薙《くさなぎ》の剣《つるぎ》を祭る尾張国《おわりのくに》熱田神宮の大宮司《だいぐうじ》、藤原季範《ふじわらのすえのり》の娘を母として誕生した。母の異なる兄に「悪源太《あくげんた》」とも称された長男の義平《よしひら》と、次男の朝長《ともなが》がおり、頼朝は三男であった。しかし、義平・朝長の母がともに東国武士の娘であったのに対し、頼朝の母の実家熱田大宮司家は、鳥羽天皇*の中宮待賢門院璋子《ちゅうぐうたいけんもんいんたまこ》*に仕えるなど都の貴族社会とつながりがあったため、頼朝の母が正妻の扱いを受け、頼朝も嫡子《ちゃくし》に取り立てられたのである。

頼朝の父義朝は、源為義《ためよし》の長男であった。そこで、為義―義朝―頼朝の流れが清和源氏、中でも源頼信《みなもとのよりのぶ》*を祖とする河内源氏《かわちげんじ》の嫡流《ちゃくりゅう》とみなされることが多い。ただ、それは当初からの形ではないと考えられる。義朝が「上総《かずさ》の曹司《そうし》」との異名を取って無位無官のまま東国で過ごしていたころ、義朝のふたりの弟、義賢《よしかた》・頼賢《よりかた》は朝廷から帯刀先生《たてわきせんじょう》・左衛門尉《さえもんのじょう》といった官職に任命され、父とともに都で活動していたからである。そこには、義朝を介して東国に勢力を扶植しようとする為義の思惑があったと考えられないこともないが、それよりはむしろ、義朝が嫡子と認めら

＊鳥羽天皇（院）　一一〇三～五六年。在位一一〇七～二三年。堀河天皇の第一皇子。名は宗仁。二三（保安四）年、祖父白河院の意志で崇徳天皇に譲位。白河の死後、院政を主催。近衛天皇の死後は後白河天皇を立て、崇徳を排除した。

＊待賢門院璋子　一一〇一～四五年。藤原公実の娘。名は璋子。白河院の養女。鳥羽天皇のもとに皇后として入内し、崇徳天皇・後白河天皇を産んだ。二四（天治元）年、女院号の宣下を受けて待賢門院となった。

＊源頼信　九六八～一〇四八年。源満仲の三男。清和源氏の一流、河内源氏の祖。藤原道長に接近し、東国各地の受領を歴任。平忠常の乱を鎮圧して武名をあげ、源氏の東国進出のきっかけを作った。

源氏略系図①

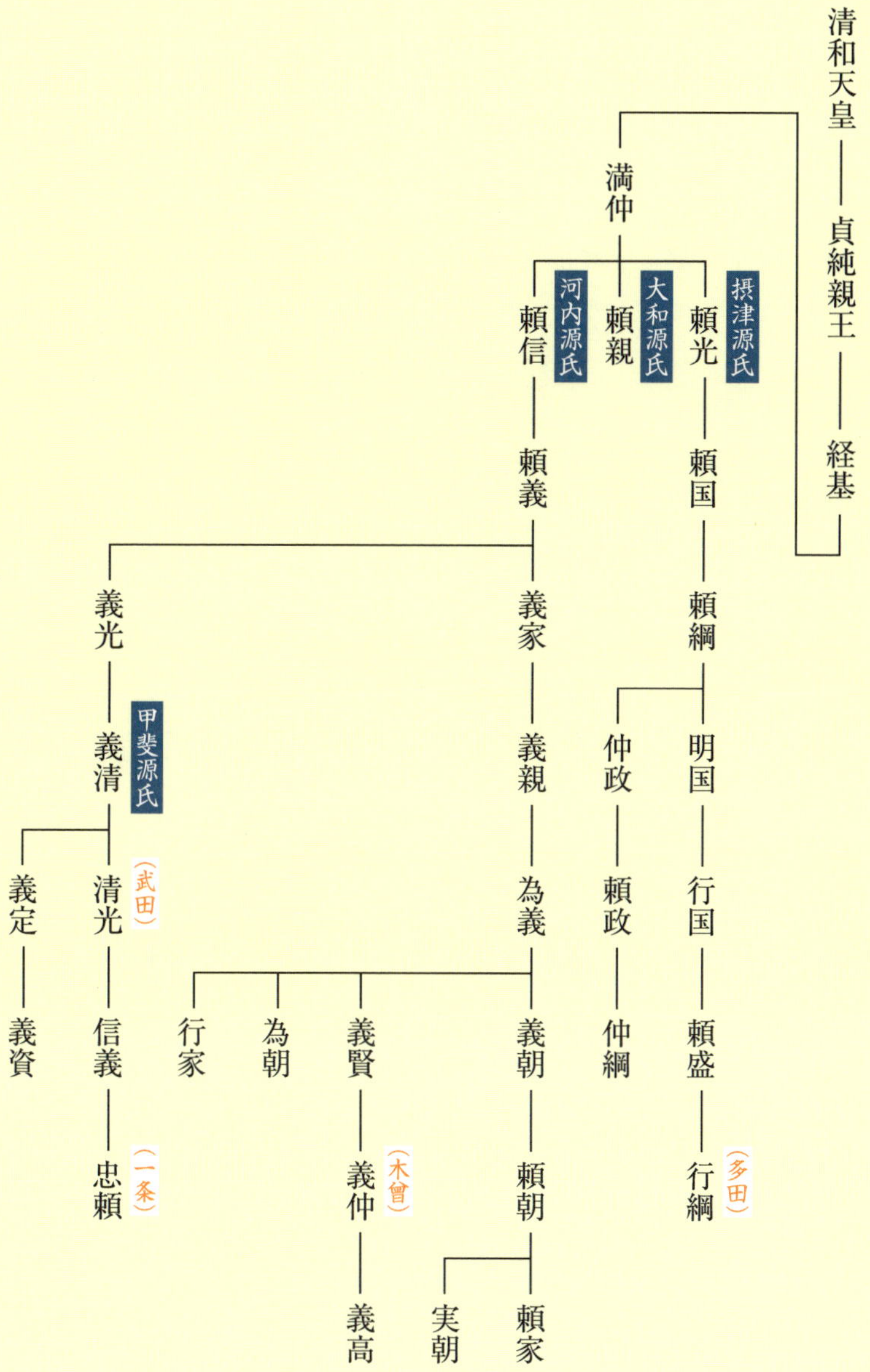
清和天皇
貞純親王
経基
満仲
頼光
摂津源氏
頼親
大和源氏
頼信
河内源氏
頼国
頼綱
明国
行国
頼盛
行綱
（多田）
仲政
頼政
仲綱
頼義
義家
義親
為義
義朝
頼朝
頼家
実朝
義賢
義仲
（木曽）
義高
為朝
行家
義光
義清
甲斐源氏
清光
（武田）
信義
忠頼
（一条）
義定
義資

源氏略系図②

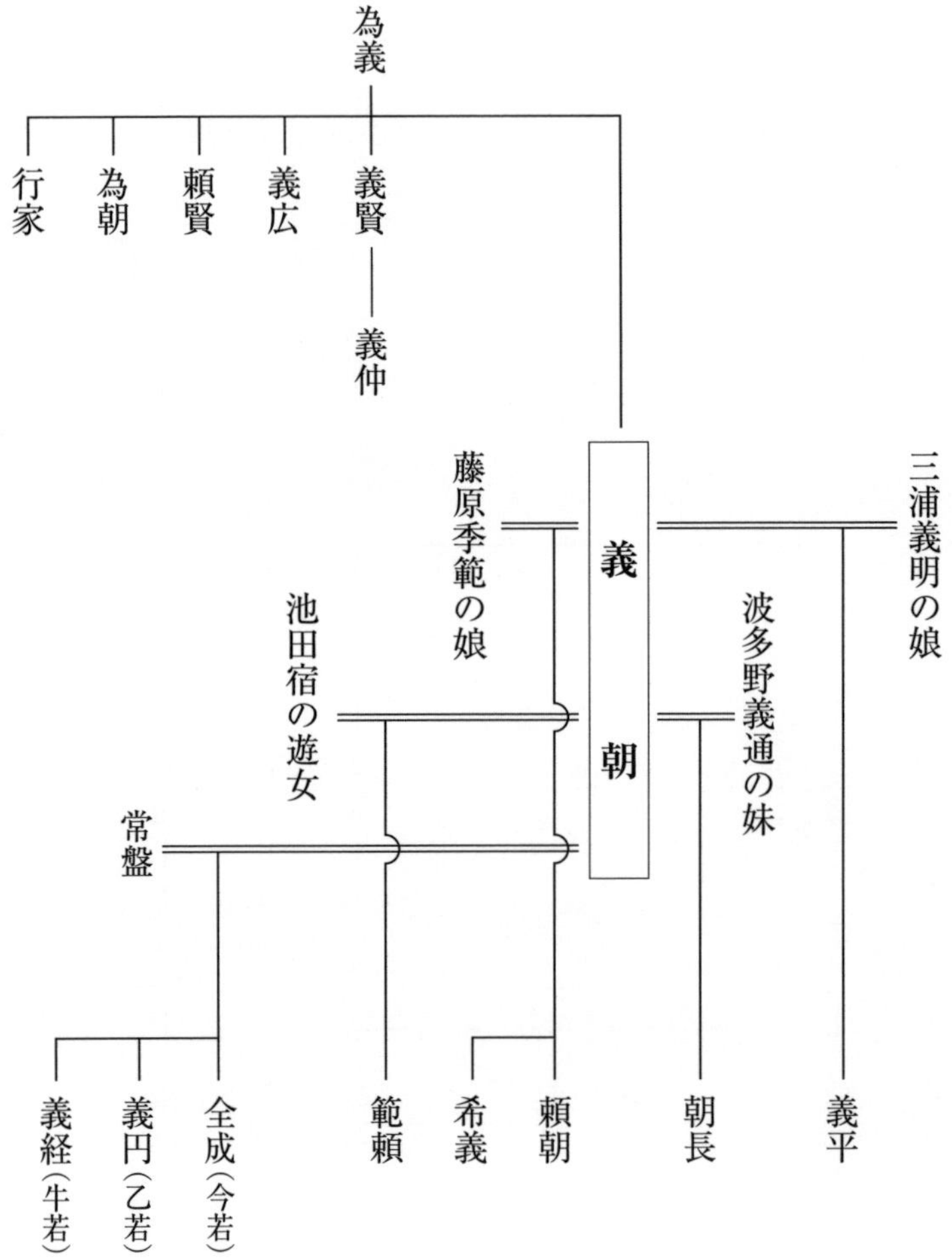
為義
行家
為朝
頼賢
義広
義賢
義仲
義朝
藤原季範の娘
三浦義明の娘
池田宿の遊女
波多野義通の妹
常盤
義経（牛若）
義円（乙若）
全成（今若）
範頼
希義
頼朝
朝長
義平

れていなかったとみる方が自然である。

一般には、東国の武士と都の貴族との間には、さして密接な関係はなかったかのようにみなされてきた。しかし、研究の進展により、武士たちも貴族たちとのつながりを求めて在京活動に励み、朝廷の位階《いかい》や官職《かんしょく》に叙任《じょにん》されることによって、自身の権力基盤を強化しようと努めていたことが明らかになった。

都の貴族たちも武士たちの武力に利用価値を見出していた。上洛させた武士たちに、交代で内裏《だいり》の警護をさせる京都大番役《きょうとおおばんやく》などはその典型である。また、中・下級の貴族たちは受領《ずりょう》*や目代《もくだい》*となって地方に下り、地方行政に関与したが、在庁官《ざいちょうかん》人《じん》*でもあった武士たちは、在地の所領経営や在京活動を有利に運ぶため、下向してきた貴族たちに積極的に近づいた。このように、中世初頭の都と東国とは密接な関係にあり、武士たちも都の秩序を重んじていたのである。

義朝は、弟たちと違って、上洛することも朝廷の官職に任命されることもなかったわけであるから、嫡子扱いを受けていなかったと考えるのが妥当だろう。そのかわり「上総の曹司」と称されたことからもわかるように、東国の武士たちと主従関係を結び、軍事力を拡大することに努めていた。頼朝が誕生する少し前、一一四〇年代半ばころには、上総氏・三浦氏・中村氏といった武士たちを率いて下総国《しもうさのくに》の相馬御厨《そうまのみくりや》や相模国《さがみのくに》の大庭御厨《おおばのみくりや》*に乱入し、武士団同士の争いに介入した。その結果、南関東における義朝の声望は高まった。

---

* **受領**　任命された国に自ら下った国司の最高責任者。多くは国守をさすが、親王が守になる慣例のある国では介のことをさして受領といった。

* **目代**　国司の代官のこと。平安中期、国司が現地に赴かない遙任制が広まると、国司は私的な代官を現地に派遣して国務にあたらせた。

* **在庁官人**　国司の役所である国衙で、行政の実務を担当した役人のこと。多くは国内の有力者で、開発などを通じて所領を形成し、武士化した。

* **御厨**　王家・摂関家などの貴人や、伊勢神宮・賀茂社などへ魚介類を貢納する所領のこと。とくに伊勢神宮の御厨は、伊勢国を中心として全国に設定された。

義朝の中央政界進出

熱田大宮司季範の娘との婚姻は、こうして培った軍事力を用いて都の貴族社会に打って出る好機を義朝にもたらした。先に述べたように、季範をはじめとした熱田大宮司家の人々は、「治天《ちてん》の君《きみ》」*鳥羽院《とばいん》の皇后待賢門院に近侍していたからである。さらに義朝は、王家領荘園の立荘に力を入れていた美福《びふく》門院得子《もんいんなりこ》*にも、荘園の寄進を通じて近づきを得た。美福門院は、当時、最も鳥羽の寵愛を受けていた后《きさき》である。こうした努力の積み重ねによって、鳥羽も義朝の軍事力に注目するようになった。院近臣となった義朝は、仁平三年（一一五三）、従五位《じゅごいの》下《げ》に叙され、下野守《しもつけのかみ》に任じられた。ようやく都の貴族社会の秩序に入り込むことができたのである。

久寿二年（一一五五）、近衛天皇が一七歳の若さで世を去ると、待賢門院が産んだ雅仁親王《まさひとしんのう》が践祚《せんそ》した。後白河天皇である。義朝は鳥羽の近臣として天皇を支えるとともに、天皇と母を同じくする姉の統子内親王《むねこないしんのう》にも接近した。

保元元年（一一五六）七月、鳥羽が死去すると、後白河天皇方の武士と崇徳院《すとくいん》*方の武士が都大路で激突した「保元の乱」が勃発する。ここで義朝は、後白河方の中核的な戦力となり、相模《さがみ》・安房《あわ》・上総《かずさ》・下総《しもうさ》・武蔵《むさし》・上野《こうづけ》・下野《しもつけ》・常陸《ひたち》の武士たちを率いて勝利に貢献した。東国で培ってきた軍事力が功を奏したのである。その武功により義朝は右馬権頭《うまごんのかみ》に任じられ、ほどなく左馬頭《さまのかみ》に昇進した。左馬頭は宮中の軍馬を管理する馬寮《めりょう》の長官で、本来、義朝より位階の高い人物が任命される軍

---

* **治天の君**　朝廷の政務を実質的に主宰する王家の人の称。院政のもとでは上皇＝院、天皇親政下では天皇。院政の確立とともに用いられるようになった語。

* **美福門院得子**　一一一七～六〇年。藤原長実の娘。名は得子。鳥羽院の寵愛を得て近衛天皇を産んだ。四一（永治元）年、近衛天皇の即位にともなって皇后に昇り、四九（久安五）年、女院号宣下を受けて美福門院となった。

* **崇徳天皇（院）**　一一一九～六四年。在位一一二三～四一年。鳥羽天皇の第一皇子。名は顕仁。母は待賢門院璋子で、後白河の同母兄。曾祖父白河院の意志で即位したが、四一（永治元）年、父鳥羽により異母弟近衛天皇に譲位。五六（保元元）年の保元の乱に敗れ、讃岐国に配流。配所で死去したため、人々はその怨霊を恐れた。

事上の要職である。従五位下・下野守に過ぎなかった義朝からすれば、驚くべき躍進といえる。

さらに義朝は、天皇の側近が出仕する内裏《だいり》清涼殿《せいりょうでん》の殿上間《てんじょうのま》に入ること、つまり内昇殿《うちのしょうでん》を許されるという栄誉に預かった。内昇殿は、義朝の祖先で、一一世紀に前九年《ぜんくねん》の役《えき》・後三年《ごさんねん》の役《えき》を戦い抜き、白河院《しらかわいん》*のもとで「武士の長者」とたたえられた八幡太郎義家《はちまんたろうよしいえ》*ですら手にできなかった栄誉であった。

一方、崇徳方についた父の為義や、弟の頼賢・頼仲《よりなか》たちは、義朝の嘆願もむなしく処刑された。当時の記録や軍記物語の『保元物語』*にその剛勇ぶりが描かれ、豪傑の名をほしいままにした弟の為朝《ためとも》*も伊豆大島に配流《はいる》された。この結果、河内源氏

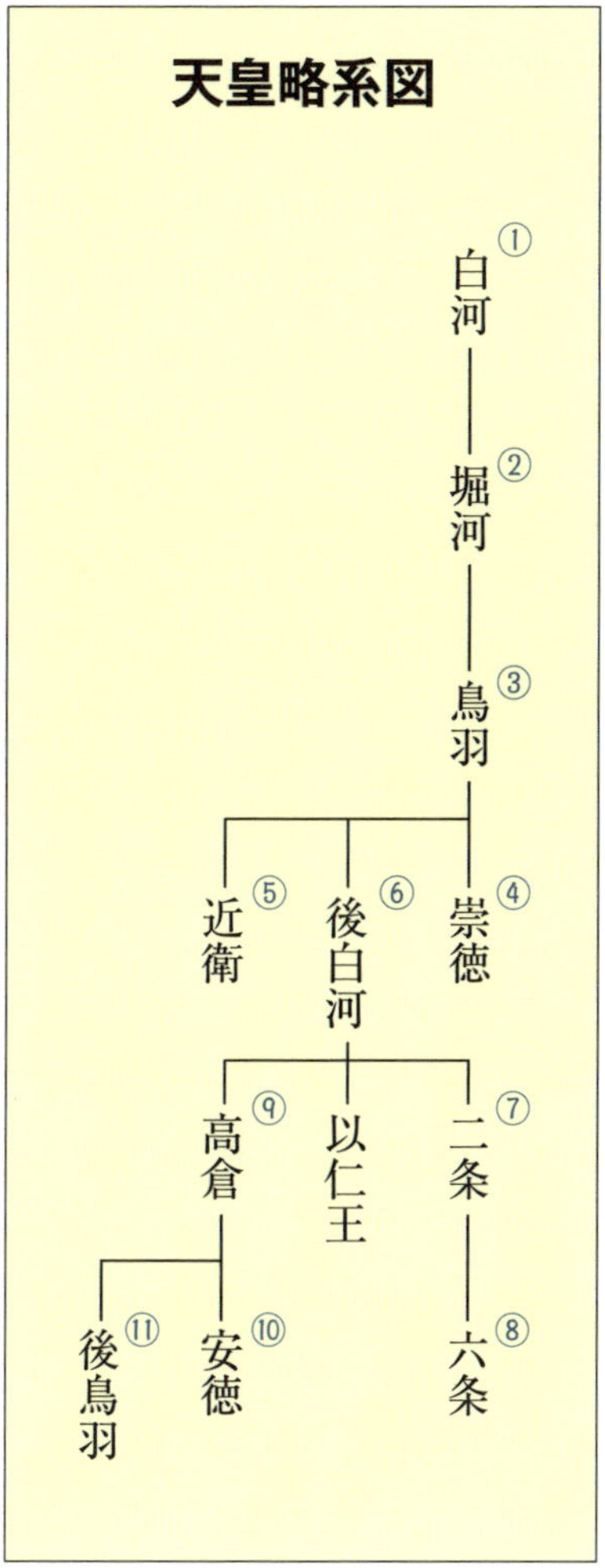

＊白河天皇(院)　一〇五三～一一二九年。在位一〇七二～八六年。後三条天皇の第一皇子。名は貞仁。院政の創始者とされる。八六(応徳三)年、皇子の堀河天皇に譲位し、孫の鳥羽天皇、曾孫の崇徳天皇も即位させた。自身の系統で皇位を継承させ、政治の実権を握って院政を主催。長期にわたって絶大なる権力を行使した。

＊源義家　一〇三九～一一〇六年。源頼義の長男。前九年の役は父とともに戦い、後三年の役では清原(後に藤原)清衡を援助して勝利した。八幡太郎と称され、源氏と東国武士団の主従関係の基盤を築いた。

の嫡流という義朝の地位はようやく確固たるものとなった。

最初の危機「平治の乱」

しかし、保元の乱で勝利した武士は義朝だけではなかった。桓武平氏の流れをくむ伊勢平氏《いせへいし》の平清盛《たいらのきよもり》である。伊勢平氏は、白河・鳥羽院政期、清盛の祖父正盛《まさもり》・父忠盛《ただもり》の二代にわたって躍進を遂げ、清盛の代には河内源氏の勢力をはるかにしのぐまでになっていた。清盛はすでに内昇殿を許されていただけでなく、位階は義朝の六段階も上の正四位下《しょうしいのげ》、官職は瀬戸内地方の豊かな国、安芸国《あきのくに》の受領すなわち安芸守《あきのかみ》であった。そして、保元の乱で一族を後白河方に結集させた功により、大国である播磨国《はりまのくに》の受領、播磨守《はりまのかみ》に任じられ、弟の頼盛《よりもり》・教盛《のりもり》も内昇殿を許された。平家一門の勢力は乱を機にますます伸張したのである。

一方、頼朝も義朝の嫡子として、母の実家熱田大宮司家の後援を受けつつ順調に成長していた。保元三年二月、後白河が守仁親王《もりひとしんのう》（二条天皇）に譲位し、統子内親王が准母《じゅんぼ》として皇后に昇ると、頼朝は一二歳の若さで皇后宮権少進《こうごうぐうごんのしょうしん》に任じられた。初めての任官である。また、翌保元四年二月、統子が女院宣下《にょういんせんげ》を受けて上西《じょうさい》門院《もんいん》となると、頼朝も上西門院蔵人《くろうど》に転じ、六月には二条の六位蔵人《ろくいのくろうど》にも任じられた。

しかし、順調だった頼朝の人生に最初の危機が訪れる。改元して保元四年が平治元年（一一五九）となった一二月、後白河の近臣藤原信頼《ふじわらののぶより》*が義朝の武力を用いて、清盛の熊野詣《くまのもうで》の隙に後白河・上西門院・二条の身柄を掌握した。「平治の乱」の勃

---

* 『保元物語』 保元の乱を描いた軍記物語。作者については、葉室時長説などいくつかの説があるが不詳。一三世紀前半には古態本が成立、次いで諸本が作られた。崇徳院の怨霊化、為朝の英雄化などがみられる。

* 源為朝 一一三九～七〇（七七）年。源為義の八男。九州各地で乱行事件を起こし、鎮西八郎の名で恐れられた豪傑。保元の乱で崇徳院方について敗れ、伊豆大島に配流。没年には二説がある。

* 藤原信頼 一一三三～五九年。後白河の近臣。藤原忠隆の三男。保元の乱後、後白河の信任を得て勢力を伸ばしたが、信西と対立。反信西派を結集して源義朝と平治の乱を起こすも失敗し、京都六条河原で斬首された。

平氏略系図

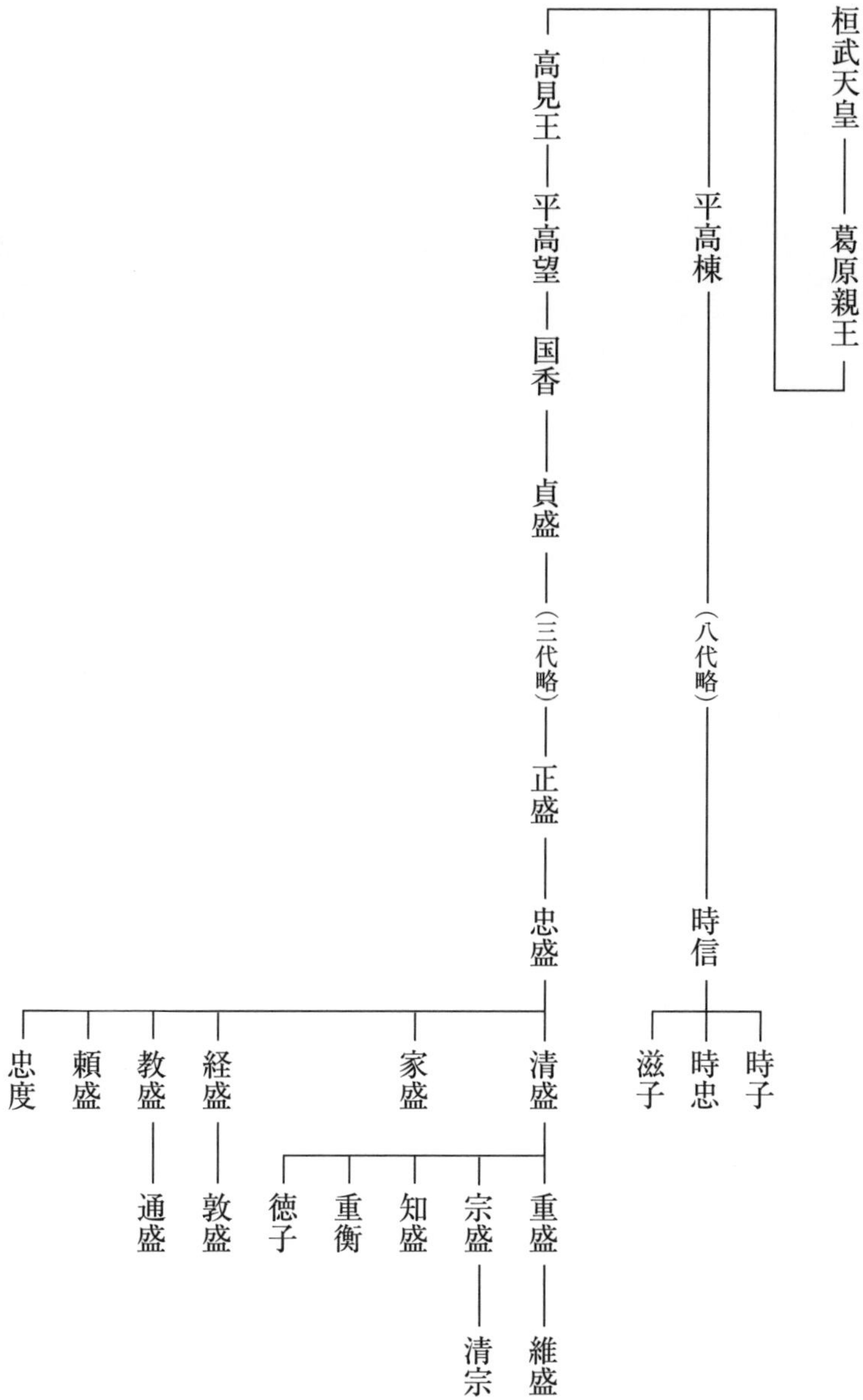
桓武天皇
葛原親王
高見王
平高棟
平高望
国香
貞盛
（三代略）
（八代略）
正盛
忠盛
時信
時子
時忠
滋子
清盛
家盛
経盛
教盛
頼盛
忠度
重盛
宗盛
知盛
重衡
徳子
敦盛
通盛
維盛
清宗

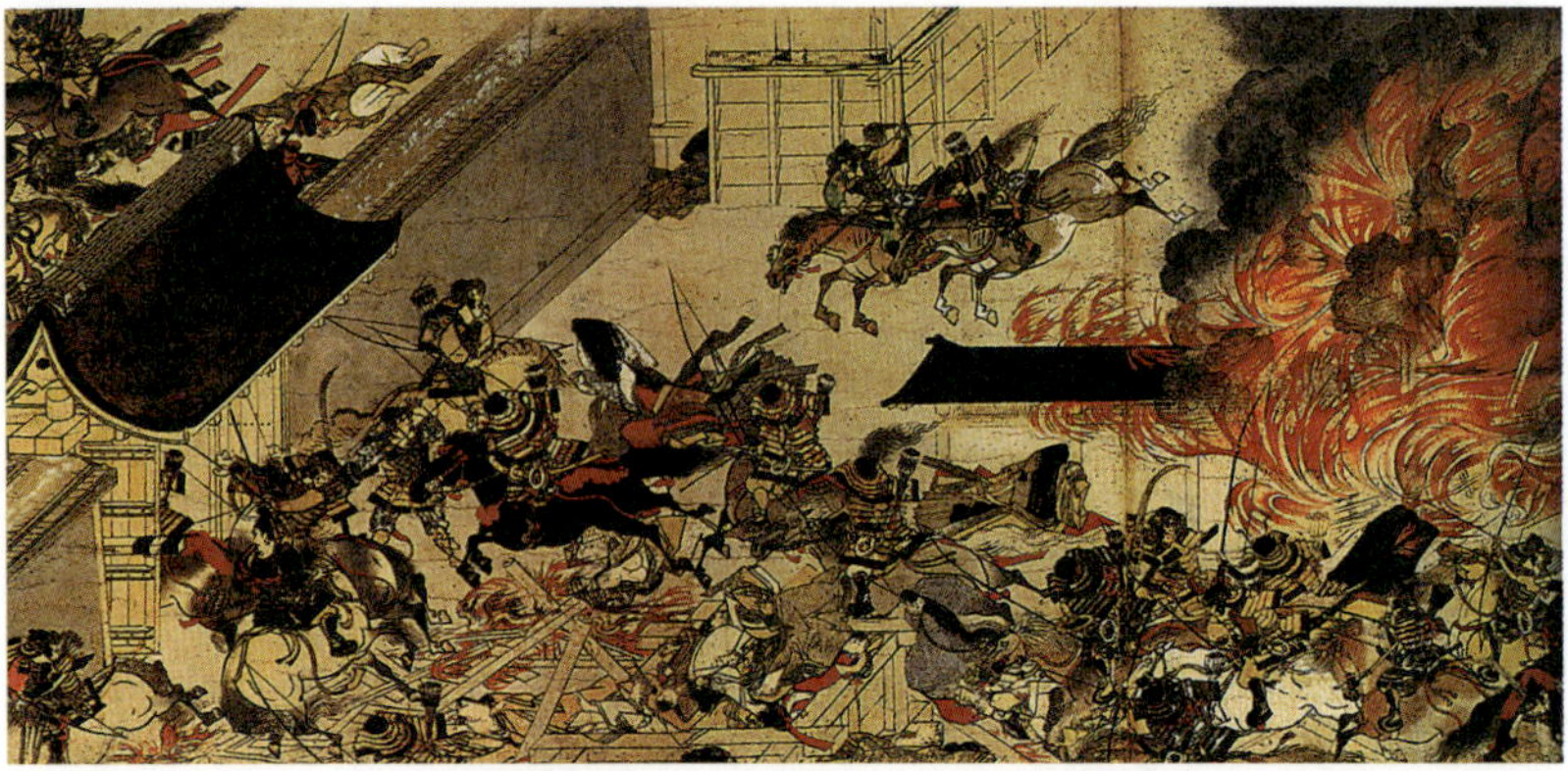

『平治物語絵巻』三条殿夜討　ボストン美術館蔵

発である。乱は後白河の乳母夫《めのと》*で、政治の主導権を握っていた信西《しんぜい》（俗名《ぞくみょう》・藤原通憲《ふじわらのみちのり》）*を排除するための軍事クーデターであった。天皇を掌中に収めた信頼はさっそく臨時の除目《じもく》*を行い、義朝は四位・播磨守に昇進、頼朝も従五位下に叙されて右兵衛権佐《うひょうえごんのすけ》に任じられた。

ところが、都から逃亡した信西が自殺し、急きょ帰洛した清盛が各方面に働きかけて信頼からの離反を促すと、クーデター側の足並みは乱れ始めた。そして、天皇親政を支持する公卿《くぎょう》の手引きで二条が清盛の六波羅邸へと脱出し、後白河も仁和寺に逃れ、形勢は逆転した。天皇と院を失って賊軍となった信頼・義朝らに挽回の可能性はなかった。

乱の首謀者である信頼は逃亡を企てたが叶わず、かつて自分を重用してくれた後白河を頼って投降した。しかし、許されるはずもな

---

* **乳母・乳母夫**　本来は生母にかわって授乳・養育する女性のこと。次第にその夫も含め、主君の養育・後援にあたる人々をさすようになった。主君と強い主従関係で結ばれ、大きな発言力を持った。

* **信西**　一一〇六～一一五九年。平安末期の官人。当代随一の学者。藤原実兼の子。後白河の近臣。藤原通憲。信西は法名。妻が後白河の乳母であったことから政権中枢に参画し、政務の実権を握ったが、平治の乱で自殺に追い込まれた。

* **除目**　官職を任命する朝廷の儀式のこと。地方官を任命する県召除目（春除目とも）と、都の官職を任命する京官除目（秋除目とも）があった。

東国に落ちる義朝
『平治物語絵巻』断簡

く、六条河原に引き出され斬首された。一方、義朝は、『平治物語』＊によれば、清盛の六波羅邸を攻めるべく六条河原に向かったという。ただ、源氏一門の源《みなもとの》頼政《よりまさ》までもが六波羅の官軍側に味方したのに対し、義朝につき従った武士はあまりにも少なく、惨敗を喫してしまう。再起をはかるため東国をめざして都を落ちた義朝であったが、尾張国内海荘《うつみのしょう》で源家代々の家人《けにん》である長田《おさだ》忠致《ただむね》の裏切りにあい命を落とした。

一方、頼朝は義朝の嫡子、右兵衛権佐として初陣《ういじん》を飾ったが、合戦に敗れると父とともに東国に向かった。しかし、途中で父とはぐれ、平頼盛の家人平《たいらの》宗清《むねきよ》に捕らえられてしまう。都で頼朝を待ち受けるのは、当然、処刑という運命だけである。永暦元年（一一六〇）二月、順調な少年時代を送ってきた一四歳の頼朝に、突然訪れた最初の危機であった。

助命嘆願と伊豆配流

頼朝自身も、おそらく死を覚悟したであろう。しかし、追い詰められたそんな状況に光がさした。平忠盛の正室で清盛の継母にあたる藤《ふじ》原《わら》宗子《のむねこ》、すなわち夫亡き後に出家していた池禅尼《いけのぜんに》が、頼朝の助命を清盛に嘆願したのである。『平治物語』によれば、池禅尼は、まだ少年の頼朝が信心深いうえ、

＊『平治物語』　平治の乱を描いた軍記物語。作者不詳。葉室時長説などがある。一三世紀前半に古態本が成立、次いで多数のテキストが作られた。

早くに亡くなったわが子の家盛《いえもり》とそっくりであることに心を動かされたという。

　しかし、話はそれほど単純なものでも、感動的なものでもないことが、すでに多くの研究によって明らかにされている。池禅尼の一族は、もともと待賢門院と関係があり、その娘である上西門院統子や息子である後白河とも結びつきがあった。繰り返し述べてきたように、頼朝の母の実家である熱田大宮司家は、待賢門院・上西門院・後白河らとつながりを持っており、頼朝は上西門院蔵人にもなっていた。とすれば、頼朝の母の実家から訴えを受けた上西門院や後白河が、池禅尼に対し、助命嘆願をするよう働きかけた可能性が高いと考えられよう。

　また、池禅尼は清盛の父忠盛*の後家《ごけ》であった。武士の家では、亡き家長《かちょう》の後家が生存している場合、とくに現家長が幼少であるような時には、後家が家長権を代行することがしばしばみられた。それほど後家の存在は大きかったのである。とすれば、現家長として一族を率いている清盛も、継母であり、亡父の後家である池禅尼の嘆願をむげに拒絶するわけにはいかなかったであろう。しかも、禅尼の背後に、熱田大宮司家の依頼を受けた上西門院や後白河の意向があったとすれば、なおさらである。

　かくして頼朝は処刑を免れ、伊豆に配流されることとなった。また、同母弟の希《まれ》義《よし》も土佐へ配流、常盤御前《ときわごぜん》が産んだ年少の異母弟たち、今若《いまわか》（後の阿野全成《あのぜんじょう》）・乙若《おとわか》（後の義円《ぎえん》）・牛若《うしわか》（後の源義経《みなもとのよしつね》*）も僧侶になるべく寺に入れられた。こうした処置が

＊平忠盛　一〇九六〜五三年。正盛の嫡子。清盛の父。白河院・鳥羽院に近侍し、受領を歴任。三二(長承元)年には内昇殿を許された。また山陽道・南海道の海賊を追捕し、日宋貿易にも関与した。

＊今若・乙若・牛若　今若、後の阿野全成は義朝と常盤の長男。醍醐寺で出家したが、頼朝挙兵を聞き鎌倉に下向。北条時政の娘阿波局と結婚。乙若、後の義円は全成の弟。八条宮円恵法親王の坊官となったが、頼朝が挙兵すると鎌倉に下り、翌年叔父の行家とともに尾張国墨俣川合戦で平氏軍と戦い、敗死した。牛若、後の義経については後述する。

やがて平家の滅亡、鎌倉幕府の樹立へとつながっていくことはいうまでもない。

ただし、この時点でそうした運命を明確に予知できる者などいなかった。後世に生きる我々は、「過去」に起きた出来事を「歴史」として捉えることが可能である。しかし、「歴史」のただ中にいる者にとって「現在」はあくまで「現在」であり、「未来」はいくつもの可能性と選択肢に満ちた不確実な、茫漠とした予想の世界に過ぎない。

三月一一日、父を失い、兄弟と別れ、配流先の伊豆へと下向する頼朝に従った供《とも》人《びと》はわずかであった。命を救われたとはいえ、源家《げんけ》の棟梁《とうりょう》の嫡子から流人《るにん》へと転落した少年の心には、将来に対するとてつもない不安や恐怖、絶望とも諦めともつかない複雑な感情が渦巻いたに違いない。鎌倉幕府を樹立した成功者・勝利者として評価するだけでは、頼朝という人物、その生涯を十分に理解したとはいえないのである。

最初の配流地「伊東」

ところで、少年時代の頼朝に関しては、都で生活していただけに、断片的にとはいえ、貴族の日記など信憑性の高い史料が残されている。しかし、当然といえば当然であるが、都から遠く離れて流人生活を送る頼朝の動静を伝える確かな史料はほとんど残っていない。『平家物語』*、『源平盛衰記』*、『曽我物語』*といった軍記物語の中に叙述されているだけである。しかも、これらの記事は〈頼朝伊豆流離説話（譚《たん》）〉とも呼ばれ、人々の間に語り伝えられてきた話とい

---

*『平家物語』　平安末期・鎌倉初期の内乱を描いた軍記物語。一三世紀前半には原形が成立したとされる。作者に信濃前司行長をあてる説があるが、未詳。「延慶本」などの読み本系と、「覚一本」などの語り本系に分類される。

*『源平盛衰記』　『平家物語』の異本のひとつ。一四世紀に成立したと考えられる。作者は未詳。四八巻から成り、江戸時代には最も広く流布した。源氏関係の記事が多く、治承・寿永の内乱を源平交代の歴史と捉える。

*『曽我物語』　一一九三（建久四）年、富士野で起きた曽我兄弟の敵討ちに取材した軍記物語。平安末・鎌倉初期の東国を、兄弟の苦難の生涯とともに描く。鎌倉末期成立の「真名本」と、南北朝・室町期成立の「仮名本」がある。

う性格が強い。無論、説話は単なるフィクションとは違い、どこかに史実を反映した部分が含まれている。ただ、それがどの部分なのか見極めるには慎重さが必要となる。

蛭ヶ小島跡碑

たとえば、配流先である。これまで一般には、「蛭《ひる》ヶ小島《こじま》」という地に流されたと捉えられてきた。先に挙げた軍記物語にも、また鎌倉幕府が編纂した歴史書『吾妻鏡』*にもこの地名が出てくるからである。しかも、ここは北条氏の本拠に近く、頼朝が北条時政らの支援を受けて挙兵をしたことを考え合わせると、自明の史実であるようにも思われる。

しかし、挙兵時の居所が「蛭が小島」であったとしても、配流当初からそうであったとは考えにくい。『曽我物語』や『平家物語』に、伊豆半島東岸の中心地「伊東」に本拠を置く伊東祐親《いとうすけちか》*との逸話が出てくるからである。伊東氏は、清盛の嫡子重盛《しげもり》を本領《ほんりょう》久須美荘《くすみのしょう》の領家《りょうけ》に仰ぐ工藤一族の武士で、伊豆における平家の有力な家人《けにん》であった。とすれば、頼朝の配流先が伊豆に決定した時点で、身柄を預かるのは伊

---

*『吾妻鏡』　一一八〇（治承四）年の以仁王の乱から、一二六六（文永三）年の宗尊親王京都送還に至る鎌倉幕府の歴史を編年体、和風の漢文体で記した編纂物。一三世紀末に北条氏と関係の深い幕府関係者が編纂したとされる。

*伊東祐親　?～一一八二年。父は祐家。曽我兄弟の祖父。同族の工藤祐経と伊豆国伊東荘の領有をめぐって争った。平家の家人で、流人源頼朝の監視役。頼朝殺害を計画し、挙兵にも敵対したが捕えられた。その後、許されるも自害。

東氏以外にはあり得ない。あるいは逆に、伊東氏の本拠があるからこそ伊豆への配流が決まったといえるかもしれない。要するに、頼朝の最初の配流地は伊豆の伊東だったのである。

治承四年（一一八〇）八月の挙兵まで、頼朝の流人生活はあしかけ二一年に及ぶ。そのうち伊東での生活は一六年余りの長きにわたり、一四歳の少年だった頼朝は、伊東を去るころには三〇歳の壮年に達していた。多感な思春期を含む伊東での経験は、頼朝に大きな影響を与えたに相違ない。そこで、『曽我物語』、とくに漢字のみで表記された「真名本《まなぼん》」と呼ばれるテキストから、伊東での頼朝の流人生活を浮き彫りにしてみたい。

祐継・祐経・祐親

先に、頼朝と伊東祐親との逸話がみえると述べたが、「真名本」の叙述を詳細に検討すると配流時の伊東氏の当主は、祐親の異母兄という扱いを受けていた祐継《すけつぐ》であった可能性が高いとわかる。祐継は「真名本」では「伊《い》藤《とうの》武者助継《むしゃすけつぐ》」、『吾妻鏡』では「工藤瀧口祐継《くどうのたきぐちすけつぐ》」と記される人物で、在京して院の武者所《むしゃどころ》、内裏の滝口《たきぐち》の陣《じん》に祗候《しこう》した経験のある武士であったと考えられる。その息男工藤祐経《すけつね》*も一四歳にして武者所に祗候し、二一歳で筆頭の地位に昇って「工《く》藤《どうの》一﨟祐経《いちろうすけつね》」と呼ばれた。父子ともに、工藤・伊東一族内では、在京して貴族たちとの人脈形成に努める役割を担っていたのである。

頼朝が伊東に下向した際、祐経はまだ少年であったが、在京経験豊かな祐継が伊

＊　工藤祐経　?～一一九三年。祐継の嫡子。父の死後、父と同様、上洛して武者所に出仕。伊東荘をめぐって伊東祐親と争い、祐親の嫡子河津三郎（祐泰または祐通）を暗殺。富士の裾野で河津三郎の遺児曽我兄弟に討たれた。

伊東祐親の墓

東の当主であったことは、近親者と離れ離れになり、住み慣れた都から初めて東国に下った頼朝にとって心強いものだったのではないか。幕府を樹立した後、頼朝は都の教養を身につけた祐経を重用するようになるが、これも単なる頼朝の都好みというだけではなく、祐継・祐経父子にもともと好印象を抱いていたことの表れであったと考えられよう。

　ところが、祐継はほどなく四三歳の若さで病死してしまう。次いで当主となったのが祐親である。祐親は祐継・祐経父子とは対照的に、在地で所領経営に努めるという役割を担っていた。そのため、周辺の武士団とのネットワーク形成に力を注ぎ、相模の三浦氏・土肥《どひ》《とひ》氏、伊豆の狩野《かのう》氏・北条氏、さらには南武蔵の横山氏などと積極的に姻戚関係や、烏帽子親《えぼしおや》・烏帽子子《えぼしご》*の関係を結んだ。その結果、久須美荘の中心地、祐親の本拠伊東では、日常的に活発な人的・物的交流が行われることになったと想像される。

　頼朝は流人ではあったが、牢獄に入れられるわけでもなく、不穏な動きさえみせ

---

* **烏帽子親・烏帽子子**　烏帽子親は元服の際に髻を結い、烏帽子をかぶらせ、名をつける役。元服した烏帽子子の社会的後見人となり、烏帽子子は烏帽子親を敬った。

なければ、ある程度は行動の自由が認められていたと考えられている。とすれば、伊東を訪れる相模・伊豆の武士たちの姿がいやでも目に入ったであろう。また、武士たちも義朝の嫡子頼朝の存在を意識したことであろう。とくに、平治の乱後に解《げ》官《かん》されて「前右兵衛権佐《さきのうひょうえごんのすけ》」になったとはいえ、武士たちが任じられる衛門《えもんの》「尉《じょう》」や馬《めの》「允《じょう》」よりも格上の官職に、十代前半の若さで任命されたという経歴は、頼朝が自分たちの仰ぐべき「貴種《きしゅ》」の血筋であるということを強く印象付けたに違いない。

詳しくは後述することになるが、挙兵当初、頼朝軍の中核となって戦った武士団は、伊豆の北条氏・狩野氏、相模の三浦氏・土肥氏であった。細かくみれば、それぞれ頼朝につき従うべき個別の事情があったことも確かである。しかし、一時期、彼らがいずれも祐親と連携を取っていたことは紛れもない事実である。彼らが頼朝軍の中核を形成した契機は、伊東で流人頼朝と接触を持っていたことであり、頼朝は伊東における人的交流を最大限に活用して挙兵を成功させたと考えるべきであろう。

「伊東」から「北条」へ　しかし、伊東での流人生活は、頼朝にとってつらい経験であったことは間違いない。中でも祐親の三女との悲恋はその最たるものである。「真名本」によれば、おそらく大番役《おおばんやく》のためであろうが、祐親が上洛して伊東を留守にしていた時期に、頼朝は美女の聞えの高い三女とひそかに交誼《こうぎ》を結び、千《せん》鶴御《つるご》前《ぜん》という名の男児をもうけたという。喜んだ頼朝は、この子が一三歳になったら元服させ、一五歳になったら先に立てつつ、伊東や北条を引き連れて「果報の程をもためさばや」、つまり挙兵をしたいものだと考えたという。

ところが、都から戻った祐親は三女と頼朝の仲を知って激怒する。伊豆東岸を代表する平家の家人であった祐親からすれば、源氏の流人を婿《むこ》にして、子供まで生まれたということが平家の耳に入り、お咎めを蒙ることになったら申し開きができないというわけである。ただちに配下の武士に命じ、まだ三歳という幼い千鶴を山奥の松河《まつかわ》という川の底に沈めて殺してしまった。そして、三女を頼朝から奪い返すと、江間《えまの》次郎《じろう》という武士と無理やり再婚させたのである。

祐親の無慈悲な振舞いはこれだけにとどまらなかった。一連の仕打ちを恨んだ頼朝が、自分に敵対する存在になる前に、夜討《よう》ちを仕掛けて殺してしまおうと企んだのである。頼朝を襲った第二の危機である。ただ、父親の非道な振舞いをみかねた息子の伊東《いとうの》九郎《くろう》祐長《すけなが》が、頼朝に救いの手を差し伸べた。「真名本」によれば、「伊藤の御所」「北《きた》の小御所《こごしょ》」と呼ばれる頼朝の居所に赴き、北条時政のもとに向かうよう勧めてくれたのである。祐長は頼朝の乳母《めのと》比企尼《ひきのあま》*の娘婿で、こうした関係から頼朝を救おうとしたとも考えられる。

しかし、より注目すべきは、この時の祐長の言葉である。祐長は「北条も助長がためには元服の親にて候へば」と告げたという。つまり、時政と祐長とは烏帽子親・

＊ **比企尼** 生没年不詳。源頼朝の乳母。比企遠宗の妻。頼朝の伊豆配流後、夫の本領武蔵国比企郡に下り、頼朝を援助した。河越重頼・安達盛長・平賀義信を娘婿に迎え、養子の能員の娘も頼家に嫁がせ、隠然たる勢力を維持した。

烏帽子子の関係にあったのである。子供の元服に際して烏帽子親を選ぶのは親の務めである。とすれば、危機を脱する上で役に立ったのは、逆に祐親が築いた人間関係であったといえよう。

なお、「真名本」は伊東脱出の時期を治承元年（一一七七）八月頃と叙述しているが、諸事象との矛盾がみられ肯定し難い。その二年前、安元元年（一一七五）の九月頃とするのが妥当であろう。ここからもわかるように、伊東での流人《るにん》生活はあしかけ一六年の長きにわたった。頼朝が北条時政を頼ったのは三〇歳の壮年を迎えてからであった。

新たな生活の場と庇護者を得た頼朝であったが、流人である以上、思うに任せぬことは多かった。たとえば時政の長女政子《まさこ》との婚姻である。頼朝は時政が大番役で上洛し、北条を留守にしている間に政子と交誼を結んだ。「真名本」によれば、安元二年（一一七六）三月半ばの頃であったという。都から戻った時政は祐親と

伊豆権現　伊豆山神社本殿

同じく反対した。その上、父平《たいらの》信兼《のぶかね》に勘当されて伊豆の山木《やまき》郷に下っていた山木《やまきの》判官《ほうがん》平《たいらの》兼隆《かねたか》*と結婚するよう政子に迫った。

しかし、祐親三女と違い、政子は意志の強い大胆な女性であった。闇夜に紛れて屋形を抜け出すと、伊豆権現《いずごんげん》*の密厳院《みつごんいん》聞性坊《もんじょうぼう》に駆け込み、急いで駆け付けた頼朝と合流した。駆け落ちの成功である。面目をつぶされた兼隆はいきり立った。しかし、伊豆権現は多数の僧兵を擁しており、うかつに手を出すこともできない。結局、兼隆は泣き寝入りせざるを得なかった。娘の気性をよく知る時政もふたりの婚姻を認めた。それは、頼朝を後援し、北条氏が歴史の表舞台に登場する道を切り開く、大胆にして賢明な選択でもあった。

二　挙兵から平家滅亡へ

以仁王の乱

頼朝が流人生活を送っている間、都では清盛の率いる平家一門が勢力を拡大していた。平治の乱後、清盛は二条天皇と後白河院の間に立って、両者と良好な関係を保っていた。しかし、二条が若くして死去すると、後白河と清盛の間に確執が生じた。治承元年（一一七七）五月に起きた鹿ケ谷《ししがだに》事件*は、院近臣《いんのきんしん》によ

＊**山木兼隆**　？〜一一八〇年。父は平信兼。七九（治承三）年、父に勘当されて伊豆国山木郷に配流。翌年、伊豆の知行国主となった平時忠から国司平時兼の目代に任用されたが、頼朝の山木攻めで敗死した。

＊**伊豆権現**　伊豆山神社とも。静岡県熱海市伊豆山に鎮座する神社。祭神は伊豆山神。明治以前は神仏習合であったため、僧侶が別当を務め、僧兵がいた。東国の衆庶の崇敬を集め、頼朝も保護した。

＊**鹿ケ谷事件**　一一七七（治承元）年五月、後白河院の近臣が京都東山鹿ケ谷にある俊寛の山荘で、平家打倒の謀議をめぐらした事件。多田行綱の密告で露顕し、藤原成親・成経父子、平康頼、西光、俊寛らが処罰された。

る平家打倒計画が発覚した事件であり、ふたりの確執が表面化したものである。後白河本人は追及を免れたが、以後も両者の確執は続いた。そして、治承三年一一月、ついに清盛は後白河を鳥羽殿《とばどの》に幽閉して院政を停止《ちょうじ》するという挙に出た。さらに翌治承四年二月には、自身の娘、高倉天皇の中宮建礼門院徳子《けんれいもんいんとくこ》*が産んだ言仁親王《ときひとしんのう》を、三歳という幼さにもかかわらず践祚《せんそ》させた。安徳天皇*である。これにより清盛は天皇の外戚《がいせき》の地位を手に入れ、平氏政権は盤石の体制を築いたかに思われた。

ところが、水面下では、清盛ら平家一門に対する不満・反発が高まっていた。それが目にみえる形で噴き出したのが「以仁王《もちひとおう》の乱《らん》」である。以仁王は後白河の第二（もしくは第三）皇子であったが、清盛の孫の安徳が践祚したことで皇位につく可能性が失われた。そこで、平治の乱後も都で活動していた唯一の源氏、源頼政*の武力をたのみ、平家打倒と皇位奪還を計画したのである。そして、各地で雌伏《しふく》する源氏一門に平家打倒の挙兵を促

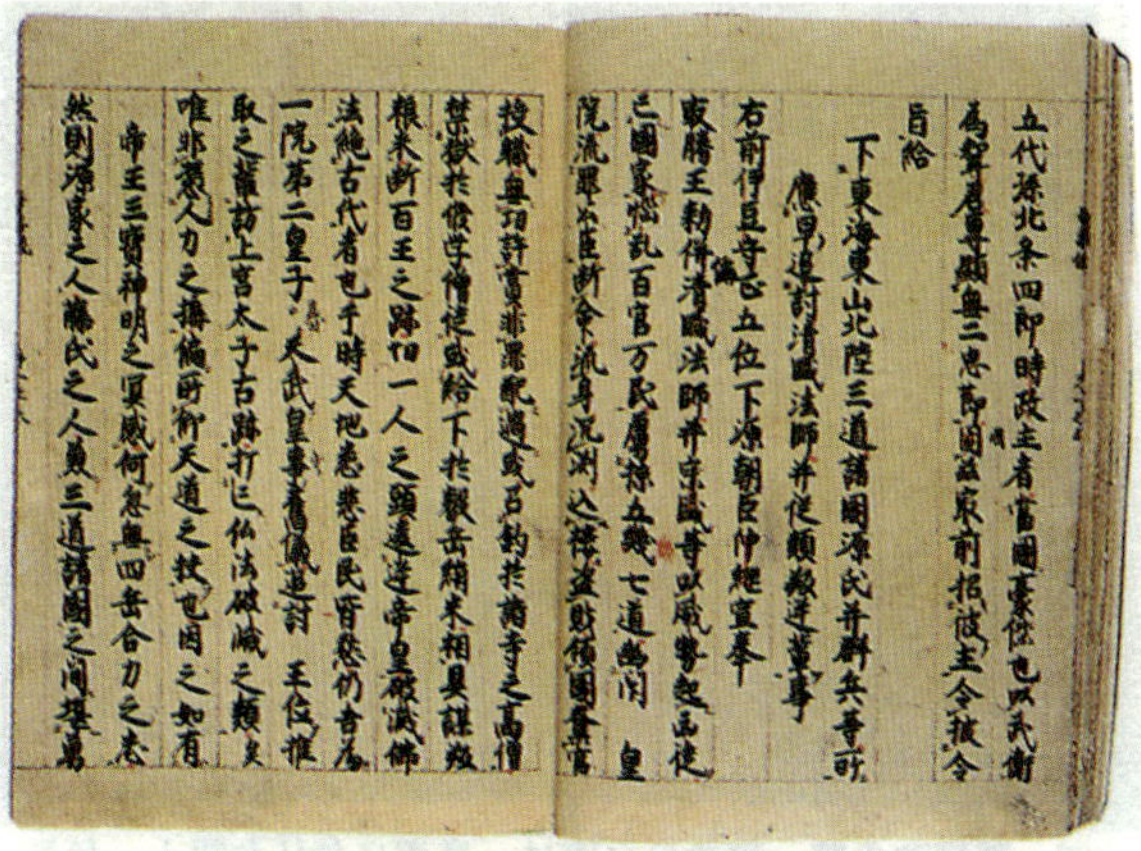

以仁王の令旨　『吾妻鏡』

* **建礼門院徳子**　一一五五～一二一三年。平清盛の娘。名は徳子。高倉天皇の中宮に昇り、安徳天皇を産んだ。一一八一（養和元）年、女院号宣下を受けた。壇ノ浦で入水するも助けられ、出家して大原寂光院で一門の菩提を弔った。

* **安徳天皇**　一一七八～八五年。在位一一八〇～八五年。高倉天皇の第一皇子。名は言仁。母は平清盛の娘建礼門院徳子。清盛により三歳の時に即位、八三（寿永二）年七月、平家とともに都落ちし、壇ノ浦で入水。享年八歳。

* **源頼政**　一一〇四～八〇年。清和源氏の一流、摂津源氏。平治の乱で清盛に味方して信任を得た。その後、従三位の高位に叙された。弓射の名手で、歌人としても名を成したが、以仁王の乱を起こして失敗、戦死した。

す檄文《げきぶん》「以仁王の令旨《りょうじ》」*を作成し、頼朝の叔父にあたる源行家《みなもとのゆきいえ》*に託した。行家はひそかに令旨を伝達して回り、『吾妻鏡』によれば、治承四年（一一八〇）四月二七日、時政の館《たち》にいる頼朝にも伝えた。以仁王に象徴される朝廷の権威、頼朝という武家の棟梁、そして北条時政に代表される東国武士団の武力がひとつに結びついた瞬間であった。

ところが、クーデター計画は未然に露顕し、以仁王と頼政は平氏軍の攻撃を受けてあえなく命を落とした。ただ、これを契機に反平氏の動きが一気に活発化する。都周辺は騒然となり、清盛は攻めやすく守りにくいとされる京都を捨て、要害の地である福原への遷都を敢行した。その上で、反平氏の動きを武力によって封じ込めていった。

決死の挙兵「山木攻め」　都の情勢が東国に伝えられると、頼朝は各地に密使を派遣して挙兵への協力を求めた。しかし、保元の乱で東国武士を率いた義朝の遺児とはいえ、今は一介の流人にすぎない頼朝の要請を受け入れる武士は多くはなかった。大半は情勢を見極めようと日和見を決め込み、頼朝の乳母子《めのとご》*にもかかわらず、面と向かって罵倒する山内経俊《やまのうちつねとし》*のような者までいた。協力を表明した相模の三浦氏なども、在地の勢力関係の変化に従ったという面が強い。

三浦氏は、代々、相模の国司《こくし》の「介《すけ》」を世襲し、朝廷の地方機関である国衙《こくが》の権威・権力を背景に大きな勢力を誇ってきた、いわゆる国衙在庁系の大武士団であっ

＊**令旨**　令旨は皇太子・三后・女院・親王などの命令を侍臣が奉じて発給する文書のこと。『吾妻鏡』によれば、以仁王は令旨の中で自身のことを「最勝親王」と称したという。

＊**源行家**　?～一一八六年。為義の末子。頼朝の叔父。八〇（治承四）年、以仁王の令旨を諸国の源氏に伝える役を担った。後には頼朝や義仲と対立し、義経とともに逃亡したが、和泉で捕えられ殺された。

＊**乳母子**　乳母の子。乳母が養育する主君とは強いきずなで結ばれ、主君を敬うべきものとされた。

＊**山内経俊**　一一三七～一二二五。父は俊通。相模国鎌倉郡山内荘を本拠とし、瀧口三郎と称した。最初は頼朝に敵対したが、母が頼朝の乳母であったことから

た。ところが、相模中部の大庭景親《おおばかげちか》*が平氏政権と結びついて飛躍的に勢力を伸張したため、その対抗上、源氏である頼朝の側に立つ決断を下したのである。

　同様の理由で頼朝側についた武士に伊豆の狩野茂光《かのうもちみつ》・宗茂《むねもち》父子がいる。狩野氏も国衙在庁《こくがざいちょう》系の有力武士団であった。しかし、平氏と連携した伊東祐親が勢力を伸ばしたことが、狩野氏の決断に影響を及ぼしたことは間違いない。また、伊豆国は、長期にわたって源頼政が知行国主《ちぎょうこくしゅ》*、子息仲綱《なかつな》が受領《ずりょう》を務めた源氏ゆかりの国であった。伊豆国の「介」を世襲する狩野氏は源氏との関係が密接だったのである。ところが、以仁王の乱で頼政父子が戦死すると、平時忠《たいらのときただ》が知行国主となり、伊豆は平家一門の手に落ちた。伊東氏など平家の家人の武士団がいっそう力を伸ばすことは必定で、狩野氏としては頼朝につくことによって、こうした展開を阻止する必要があった。

　政子の父で、頼朝の舅にあたる北条時政、相模西端の土肥郷を本拠とする土肥《どひ(とひ)》実平《さねひら》*も頼朝を支えた。以上の四氏が、伊東における流人時代に、頼朝が祐親のネットワークを通じて知遇を得た武士団であったことは先に述べた通りである。

　そのほか、弟の大庭景親《かげちか》・俣野景久《かげひさ》との所領をめぐる争いから頼朝側についた相模の大庭景義《おおばかげよし》*、伊東祐親と所領相論を展開していた伊豆の工藤祐経の弟宇佐美祐茂《うさみすけもち》、平治の乱後、本領を失って東国に下っていた佐々木定綱《ささきさだつな》ら四兄弟*、頼朝の乳母《めのと》比企《ひきの》尼《あま》の娘婿である安達盛長《あだちもりなが》*など、個人的な事情によって頼朝に味方した武士もいた。

助命され、御家人となった。伊勢・伊賀両国の守護。

* **大庭景親**　?〜一一八〇年。父は景忠。景義の弟。相模国大庭御厨の下司職を相伝。平治の乱で義朝に従って敗れたが、許されて平家の家人となり、石橋山で頼朝を追いつめた。富士川合戦後に降伏したが、処刑された。

* **知行国主**　朝廷から国の知行権（支配権）を与えられた皇族や貴族、大寺社のこと。子弟や側近を国守に選任し、国内の収益を取得した。

* **大庭景義**　?〜一二一〇年。景能とも。父は景忠。弟の景親と対抗関係にあり、頼朝の挙兵に協力。頼朝の鎌倉入り後は、鶴岡八幡宮や大倉御所の造営に携わった。

しかし、流人の頼朝にはもともと頼りになる手勢などいなかった。密使を派遣して兵を募っても、頼朝が動かすことのできる兵力はきわめて少なく、心もとないものであった。

そうした中、六月一九日、新たな情報が届いた。毎月三度も使者を都から寄こしていた三善康信《みよしやすのぶ》*が、わざわざ弟の康清《やすきよ》を使いに立てて伝えてきた緊急の報せであった。それによれば、平家は以仁王の令旨を受けた源氏の追討に取りかかり、頼朝の身も危うくなったというのである。康信は奥州藤原氏のもとへ逃れた方がいいと助言した。平治の乱後、二〇年の時を経て訪れた第三の危機である。栄耀栄華の中で伊豆の流人のことなど忘れていた清盛たちが、義朝の嫡子という頼朝の存在の危険性に気がついたということでもある。

「延慶本」の『平家物語』や『源平盛衰記』は、後白河の御所で暴言を吐いて伊豆に流されていた怪僧文覚《もんがく》*が、七月ごろ、ひそかに上洛して源氏に平家打倒を命ずる後白河の院宣を取得し、伊豆にとって返して頼朝に挙兵を迫ったという話も伝えている。

決断の時が来た。頼朝は、八月一七日深夜、人々が伊豆の一《いち》の宮《みや》である三島社《みしましゃ》の祭礼にわいている隙をついて、北条氏を中心としたわずかな手勢で伊豆の目代となっていた平兼隆の山木の館に夜襲をかけた。『吾妻鏡』によれば、頼朝は夜襲が成功したら館に火をかけるよう命じたという。山木は北条の館からも見通せる距離に

＊**土肥実平**　?～一一九一年。父は中村宗平。相模国土肥郷を本拠とし、頼朝の挙兵に最初から協力、石橋山で頼朝を警護し、真鶴崎から安房へ渡海させた。備前・備中・備後の惣追捕使。

＊**佐々木四兄弟**　秀義を父に持つ定綱・経高・盛綱・高綱四兄弟。平治の乱で本領の近江国佐々木荘を追われた父とともに東国に下向し、流人の頼朝に近侍。最初から挙兵に参加し、その後も数々の武功をあげた。

＊**安達盛長**　一一三五～一二〇〇年。頼朝の乳母比企尼の娘婿として早くから頼朝に近侍し、挙兵にも最初から参加。上野国奉行人・三河国守護。また、源氏と関係の深い鎌倉の古社、甘縄神明社を管理した。

あり、火の手によって夜襲の成否を知りたかったのであろう。ところが、いつまで経っても火はおろか煙もみえず、頼朝は護衛のために残していた三人の武士まで山木に送り出す羽目になった。そのうちのひとり、頼朝が手ずから長刀《なぎなた》を渡した加藤《かとう》景廉《かげかど》が兼隆の首をとり、木に登って山木の方角をうかがっていた従者は、火の手があがったことをようやく頼朝に報告できたのであった。それほど頼朝の挙兵は危うく頼りないものであった。

生涯最大の危機「石橋山合戦」　かろうじて第三の危機を脱した頼朝は、三浦氏と合流すべく伊豆から相模へと向かった。『吾妻鏡』によれば、その勢《せい》は「伊豆・相模の御家人」わずかに「三百騎」であったという。ところが、相模中央部には大《おお》庭《ば》御厨《のみくりや》を本拠とする平氏方の急先鋒、大庭《おおば》景親《かげちか》がいた。頼朝が相模西端の石橋《いしばし》山《やま》に陣を構えると、景親は「三千余騎」を率いて谷ひとつを隔てた地に陣取った。さらに、「三百余騎」を率いて伊豆から追撃してきた伊東祐親が頼朝の背後の山に陣を敷き、頼朝軍は挟撃される形になった。「石橋山合戦」である。多勢に無勢、勝敗の行方はみえていた。頼朝の生涯における最大の危機である。

しかし、頼朝軍の武士たちは勇猛果敢に戦った。中でも、三浦一族のひとり岡崎義実《よしざね》の子息佐奈田与一義忠《さなだのよいちよしただ》と、その忠実な郎等文三家安《ぶんぞういえやす》（豊三家康）の奮戦は有名である。「延慶本」『平家物語』や『源平盛衰記』はその様子を次のように叙述している。頼朝に先陣を命じられた佐奈田与一は、たそがれ時になって決戦の火ぶたが

＊**三善康信**　一一四〇～一二二一年。平安末期・鎌倉初期の官人。父は康光。太政官の史を務めた。母が頼朝の乳母の妹であったことから、流人の頼朝に京都情勢を報告し、挙兵後は鎌倉に下って問注所執事となった。法名は善信。

＊**文覚**　一一三九～一二〇三。平安末期・鎌倉初期の僧侶。俗名は遠藤盛遠。摂津渡辺党の武士であったが、出家して神護寺の再興に尽力。後白河に強訴して伊豆に流罪となり、頼朝に挙兵を促したとされる。

石橋山古戦場周辺

切られると、景親とその弟俣野景久《またのかげひさ》の首をねらって敵陣に突進した。日が落ちて真っ暗になった中、与一は景久を見つけ出す。ふたりは組み合ったまま馬からどうっと落ち、上になり下になりながら坂を転げ落ちた。もうひと転がりすれば海に落ちるというほどであった。何とか景久を下に組み敷いた与一は、景久の助勢に来た長尾新五を蹴り倒し、刀を抜いて景久の首めがけて切りつけた。ところが、何度切っても切れず、刺しても通らない。刀が鞘ごと抜けてしまったからである。そうこうするうちに、新五の弟の長尾新六に背後を取られ、首を掻き切られてしまった。与一の刀の鞘尻《さやじり》は、一寸ばかりも砕けていたという。主人が討たれたことを知った文三は、郎等は逃げてもよい、という敵の誘いにも耳を貸さず、八人を討ち取ったあと、潔く討死したという。このように頼朝軍は必死に戦ったが、兵力の差はいかんともし難かった。後退を余儀なくされ、ついに背後に聳《そび》える険阻《けんそ》な土肥の椙山《すぎやま》に逃げ込んだ。

山狩りが始まった。頼朝は居場所を悟られぬよう、あえて味方の武士たちを散り散りにさせ、土肥郷に本拠を置く土肥《どひ(とひ)》実平《さねひら》と身を潜めた。大きな伏木の空《うつ》ろであったとも、岩窟の中であったともいわれている。ところが、景親軍の武士のひとりに見つかってしまう。万事休すと思われた瞬間、その武士はあえて頼朝を見逃した。『吾妻鏡』治承四年八月二四日条や、『平家物語』『源平盛衰記』などの軍記物語によれば、その武士は梶原景時《かじわらかげとき》＊であったという。ただし、確証はない。その後の『吾妻鏡』の景時関係の記事に、この重大事に関する記述がまったく出てこないからである。後年、頼朝が景時を片腕として重用した事実から、頼朝を救ったのは実は景時であった、という伝承が生まれた可能性があろう。

とはいえ、平家の世に不満を覚え、頼朝に心を寄せる武士がいたことは確かであり、こうした奇跡は十分に起こり得た。たとえば、相模の武士飯田家義《いえよし》の場合である。成行き上、景親に従ってはいたが、頼朝に心を寄せていた家義は、自身の家来六人を景親軍に差し向けて戦わせ、頼朝が椙山に逃げ込むのを助け

石橋山古戦場石碑

＊梶原景時　?〜一二〇〇年。父は景長もしくは景清。相模国鎌倉郡梶原郷を本拠とし、石橋山で頼朝を救ったと考えられること、弁舌が巧みで都の教養を身につけていたことなどから頼朝に重用された。侍所所司。播磨・美作守護。頼朝死後、御家人らに糾弾され失脚。上洛を企てたが、駿河国清見関付近で攻められ、敗死した。

たという。

また、『吾妻鏡』八月二四日条には、箱根権現《はこねごんげん》*の別当《べっとう》（長官）行実《ぎょうじつ》が、頼朝の危難を救うため弟の蓮実《れんじつ》を派遣したという記事がみえる。蓮実は山中で運よく北条時政に遭遇し、頼朝のもとにたどりついた。頼朝・実平・時政らは蓮実の持参した食事で飢えをしのぎ、さらにその導きで箱根権現に避難したという。ただ、この話は『平家物語』諸本にはみえない。地理的に考えても、険阻な峠を越えて芦ノ湖畔の箱根権現に到達するのは難しい。しかも、後述するように、その後、頼朝は相模湾の真鶴岬まで移動するのである。箱根権現から再び険しい峠を越えて海に出るという選択は現実的ではない。箱根権現や時政の貢献を強調する意図のもとに挿入された記事の可能性があろう。いずれにせよ、景親の山狩りは執拗に続き、頼朝が生涯最大の危機を脱するには、さらに数日を要することになった。

安房への渡海と再起

その頃、石橋山での頼朝軍敗退を知った三浦氏は、本拠の三浦に引き返していた。ところが、その途上、南下してきた畠山重忠《はたけやましげただ》*ら武蔵の武士団に出くわし、戦闘に突入してしまった。「小坪《こつぼ》合戦」である。いったんは勝利した三浦氏であったが、本城である衣笠城《きぬがさじょう》に老齢の惣領《そうりょう》三浦義明《よしあき》*を残し、三浦義澄《よしずみ》*・和田義盛《わだよしもり》*らの主力は船で安房《あわ》へ渡った。その後、再度、来襲した重忠軍と戦った義明は、八〇余歳で討死した。「衣笠合戦」である。三浦氏と畠山氏の遺恨は静かにではあるが長く続き、後年、重忠が滅ぼされる事件では、義澄の子息義村《よしむら》と

＊**箱根権現**　箱根神社とも。神奈川県箱根町元箱根に鎮座する神社。祭神は瓊瓊杵尊・木花咲耶姫命・彦火火出見尊。明治以前は神仏習合のため別当は僧侶が務め、多数の僧兵がいた。山岳霊場として崇敬を集め、頼朝も保護した。

＊**畠山重忠**　一一六四～一二〇五年。父は重能、母は三浦義明の娘。秩父平氏の一族で、武蔵国男衾郡畠山が本拠。安房での頼朝再起後に帰服。文武両道に秀でていたが、頼朝死後、北条時政の陰謀により滅亡した。

＊**三浦義明**　一〇九二～一一八〇年。義継の子。杉本義宗・三浦義澄の父。三浦氏は相模国の有力な在庁官人で、三浦介を世襲。一族を頼朝の挙兵に呼応。頼朝と合流させるため、衣笠城で武蔵の畠山重忠らを迎え撃ち戦死した。

頼朝の進路　『新編日本古典文学全集　曾我物語』小学館をもとに作成

和田義盛が大いに活躍することになる。

一方、頼朝は、「延慶本《えんきょうぼん》」『平家物語』によれば「土肥ノ鍛冶屋ガ入《はいる》ト云《いふ》山ニ籠《こもっ》テ」いた。峰からは、麓の土肥郷に押し寄せた祐親が、実平の宅はもちろん郷内の家々を焼き払うのがみえた。しかし、実平は落胆することもなく、「土肥ニ三《みっつ》ノ光アリ」、第一は八幡大菩薩が頼朝を守る光、第二は頼朝が繁栄して四海を輝かす光、第三の小さい光は実平が頼朝の御恩を蒙って放つ光、と謡い舞って人々を喜ばせた。そこへ、実平の妻の送った使者が来た。三浦氏は船で安房に渡ったという。そこで、頼朝も夜陰に紛れて山を下ると、わずかな手勢とともに実平の手配した小船に乗り、真鶴岬《まなづるみさき》から安房へ向かった。この逃避行は「七《しち》騎《き》落《お》ち」の伝承を生み、

＊**三浦義澄**　一一二七〜一二〇〇年。義明の次男。義村の父。和田義盛の叔父。頼朝の挙兵に呼応したが、石橋山合戦に間に合わず、安房に渡海し、頼朝と合流した。幕府草創の重臣。三浦介・相模守護。

＊**和田義盛**　一一四七〜一二一三年。義明の長男杉本義宗の嫡子。義澄らとともに安房で頼朝に合流。強弓の典型的な東国武士で、侍所別当・宿老として活躍。一二一三（建暦三）年、和田合戦で北条義時率いる幕府軍と戦い滅亡した。

室町期には『七騎落』*という能の作品に結実する。

ともあれ、敗戦の結果ではあるが、頼朝と三浦氏は安房でようやく合流を果たすことができた。その後、洲崎明神《すのさきみょうじん》に参詣して戦勝を祈願した頼朝は、房総半島を北上した。千葉常胤《ちばつねたね》*・上総広常《かずさひろつね》*があいついで参向し、頼朝の軍勢は一気に膨れ上がった。広常は、『吾妻鏡』によると二万騎を率いていたという。この情勢をみた武蔵の武士団も続々と頼朝に帰順の意を表した。畠山重忠も、頼朝みずから三浦氏の面々を説得したことにより、帰順が認められた。かくして一〇月六日、頼朝は重忠を先陣《せんじん》、常胤を後陣《こうじん》に立て、三浦・千葉・上総・足立・葛西・小山氏など多数の武士団を率いて、源家《げんけ》ゆかりの地「鎌倉」に入った。石橋山の敗戦という生涯最大の危機から、わずか一カ月半での奇跡的な再起であった。

富士川合戦　鎌倉入りした頼朝は一〇月七日、一一世紀後半に源頼義が都の石《いわ》清水八幡宮《しみずはちまんぐう》を勧請《かんじょう》して建てた八幡宮を遙拝し、一二日には由比《ゆい》郷から現在の地に遷座《せんざ》して鶴岡八幡宮《つるがおかはちまんぐう》とすることに決した。また、その東に御所を新造するよう命じ、伊豆権現に避難していた妻の政子も呼び寄せた。ところが、ひと息つく暇もなく再び出陣することとなった。平清盛の孫維盛《これもり》を追討使とする平氏軍が、駿河国《するがのくに》まで進軍してきたという情報が入ったからである。

都では、九月五日に頼朝追討の宣旨《せんじ》が発せられていた。しかし、その後、石橋山での頼朝の敗戦が伝えられるなどしたため、追討軍の京都進発が遅れ、結果的に頼

---

* **能『七騎落』**　土肥実平をシテ、頼朝と岡崎義実ら数人をツレ、和田義盛をワキ、実平の子遠平を子方にした現在能。

* **千葉常胤**　一一一八～一二〇一年。父は常重。下総国千葉荘を本拠とし、千葉介・下総権介を世襲。相馬御厨の支配をめぐる常陸の佐竹氏との対抗関係から義朝に従った。頼朝の挙兵に協力、奥州合戦でも活躍。下総守護。

* **平広常（上総広常）**　？～一一八三年。父は常澄。上総国の有力な在庁官人で、上総介を世襲。平治の乱後は平家に従っていたが、二万騎を率いて頼朝に参向し、再起を決定づけた。しかし、独立心が強かったため、謀叛の疑いで誅殺された。

朝に再起の機会を与えることになってしまった。しかも、平氏軍は東国下向の道すがら、追討の宣旨を読みかけることによって地方武士たちを徴兵しようと考えていたが、九月には頼朝の従兄弟《いとこ》にあたる源　義仲《みなもとのよしなか》、いわゆる木曽義仲《きそよしなか》が信濃国《しなののくに》で挙兵し、甲斐《かい》・駿河の源氏も相次いで蜂起したため、徴兵は思うように進まなかった。

実際、頼朝が駿河国の黄瀬川《きせがわ》まで軍を進めたときには、独自に軍事活動を展開する甲斐源氏の軍勢が富士川をはさんで維盛軍と対峙していた。戦闘は、徴兵の失敗で不安にかられていた平氏軍が、一〇月二〇日の未明、たまたまいっせいに飛び立った水鳥の羽音を源氏軍の急襲と錯覚して潰走《かいそう》するというあっけない結果に終わった。「富士川合戦」である。

黄瀬川の宿《しゅく》にいた頼朝はこの報を受け、平氏を追撃して一気に上洛するよう命じた。生まれ育った都での政界復帰をひそかに念じてきた頼朝にとって、二一年余に及ぶ苦しい流人生活の末にようやく訪れた好機であった。しかし、武士たちの思いは違っていた。千葉常胤・上総広常・三浦義澄らが、常陸国《ひたちのくに》の佐竹氏を討つべきであると頼朝に訴えたのである。佐竹氏は北関東における平氏方の中心勢力であり、奥州藤原氏とも連携を取っていた。他にも北関東には帰順を表明していない武士がおり、背後を襲われる軍事的な脅威は切実であった。そのうえ、千葉氏・上総氏には、常総地方の権益をめぐって対抗関係にあった佐竹氏をたたいておく、という在地の論理による思惑もあった。

結局、頼朝は武士たちの諫言《かんげん》に従い、というより従わざるを得ず、いったん鎌倉に戻って佐竹を攻めるという決断を下した。結果的にみると、この決断は正しかった。後年、北陸道から平氏軍を追撃して上洛した義仲が、平氏によって食糧や物資を持ち去られた都で、あっという間に人心を失ったことを勘案すれば、この段階での上洛は無謀であった。その後、鎌倉を本拠と定めた頼朝は、平氏・奥州藤原氏を滅ぼし、建久元年（一一九〇）、多数の御家人を従えて堂々と上洛を果たすまで、一一年にわたって鎌倉を動かなくなる。

義経参向から佐竹攻めへ

合戦の翌日、一〇月二一日、黄瀬川の頼朝の宿所《しゅくしょ》にひとりの若者が訪ねてきた。頼朝はもしや「奥州の九郎」ではないかと思って対面すると、やはり平治の乱で生き別れた牛若、すなわち異母弟の九郎義経であった。鞍馬寺で僧侶になる修行をさせられていた義経は、平家打倒の気持ちを抑えることができず、ひそかに山を抜け出して奥州藤原氏の秀衡《ひでひら》*のもとに身を寄せていた。しかし、頼朝挙兵の報に接し、矢も楯もたまらず黄瀬川に参向したのである。最初は制止していた秀衡も義経の決意に理解を示し、佐藤継信《つぐのぶ》・忠信《ただのぶ》兄弟という勇士を付けた。二一年の時を経て再会した頼朝・義経兄弟は、往事を語り合い、懐旧の涙にくれた。頼朝は弟の参向を心から歓迎し、義経は兄とともに戦える喜びにうちふるえたことであろう。神出鬼没の戦術を駆使する武人義経と、武家政権を創始しようとする政治家頼朝、両者の間に埋めがたい溝が生じてしまうのは、まだしばらく先

＊**藤原秀衡**　一一二二～八七年。奥州藤原氏の三代目。父は基衡。平泉を拠点に奥州を支配し、無量光院を建立。七〇（嘉応二）年、鎮守府将軍。源平両氏には味方しなかったが、源義経はかくまった。

の話である。

一〇月二三日、相模の国府《こくふ》に到着した頼朝は大規模な論功行賞《ろんこうこうしょう》を実施した。『吾妻鏡』によれば、源氏一門の武田信義《たけだのぶよし》・安田義定《やすだよしさだ》をはじめ、北条時政・千葉常胤・上総広常・三浦義澄・和田義盛・岡崎義実《おかざきよしざね》・土肥実平・安達盛長・佐々木定綱・大

有力御家人の本拠地　坂井『源実朝』より

庭景義・天野遠景《あまのとおかげ》・宇佐美祐茂ら挙兵成功に力を尽し伊豆・相模・上総・下総の武士たちが、「本領《ほんりょう》を安堵《あんど》」されたり、「新恩《しんおん》」を給与されたりしたという。

一方、石橋山で頼朝を窮地に追い込んだ大庭景親らは、恭順の意を示して投降した。頼朝は景親を広常に、長尾《ながお》定《さだ》景《かげ》を義澄に、河村義秀《かわむらよしひで》を景義に、山内経俊を実平にそれぞれ四人として召し預けた。しかし、二六日に平氏方の首領

であった景親が固瀬川《かたせがわ》の川辺に梟首《きょうしゅ》、すなわちさらし首の刑に処された程度で、実際に処刑された者は一〇人にひとりというわずかな割合であった。今後待ち受ける平氏軍との決戦に備えて戦力を確保するとともに、敵対者を宥免《ゆうめん》することによって人心を掌握するという狙いがあったと思われる。

二七日、「佐竹攻め」が開始された。佐竹秀義《ひでよし》は金砂城《かなさじょう》に立てこもって必死に抵抗を試みたが、上総広常や熊谷直実《くまがいなおざね》*・平山季重《ひらやますえしげ》らの活躍により金砂城は落城した。秀義は奥州へと逃亡し、その所領は武功のあった武士たちに与えられた。この情勢をみて北関東の武士団も次々と参向し、頼朝は挙兵後二カ月余りで、ほぼ関東を制圧するに至った。

鎌倉殿の誕生

一一月一七日、鎌倉に帰還した頼朝は、石橋山合戦で大庭軍に属し、その後、投降して囚人となっていた曽我祐信《そがすけのぶ》を厚免《こうめん》した。祐信は、伊東祐親の嫡子河津三郎《かわづのさぶろう》の未亡人を後妻に迎えており、こうした関係により頼朝に敵対する側に立ったのである。しかし、頼朝政権が安定した建久五年（一一九四）、小山朝政邸に「弓馬に堪能」なる者を集めて開かれた流鏑馬《やぶさめ》の故実を定める会議にも招かれており、弓射《きゅうしゃ》の名手であったと考えられる。祐親の近しい親族であったにもかかわらず、宥免の措置がとられたのは、できる限り戦力を確保しておきたいという当時の状況を如実に示したものといえよう。ちなみに祐信は、富士の裾野の敵討《かたきう》ち事件で頼朝を危機に陥れることになる曽我兄弟を、幼い時から引き取って育てた継

---

* **熊谷直実** 一一四一～一二〇八年。父は直貞。武蔵国熊谷郷が本拠。石橋山で平氏方についたが、ほどなく頼朝に帰服。一ノ谷で平敦盛を討ち取った。その後、所領争いに敗れ、上洛して法然に帰依。法名は蓮生。

父でもあった。この点については第四節で述べることにしたい。

同じ一七日、頼朝は画期的な人事を行った。和田義盛を「侍所別当《さむらいどころべっとう》」すなわち侍所の長官に任じたのである。侍所は幕府政治の中枢を担うことになる機関である。ただ、当時はまだ組織として確立していたわけではなく、義盛が任じられたのも頼朝のもとに参向した武士たちをたばねる職「侍別当」であったと考えられる。とはいえ、重要な職であることに違いはない。頼朝はそこに、挙兵当初から協力の意志を示し、惣領の義明を失いながらも軍事的に頼朝を支えてきた三浦一族の義盛を充て、その功労に報いたのである。

また、義盛は頼朝と同じ久安三年（一一四七）の生まれであり、この人事は年長者を差し置いての抜擢であった。頼朝と同年代の、しかも剛勇の誉《ほまれ》の高い武士を抜擢し、これから展開される戦いの先頭を切って士気を高めてほしいという思惑もあったのではないか。

翌一二月の一二日、頼朝は新造御所への「移徙《いし》の儀《ぎ》」を行った。先に述べたように、御所自体は一〇月に鎌倉入りした直後から造営を開始し、一二月に入って完成したのであるが、この日、頼朝は支配下の武士たちを従え、あらためて「移徙」すなわち新たな邸宅に移るという儀式を挙行したのである。武士たちの先頭を行くのは侍所別当の和田義盛、水干《すいかん》を着て栗毛《くりげ》の馬に騎乗した頼朝の左には加々美《かがみ》長清《ながきよ》、右には毛呂《もろ》季光《すえみつ》がつき、北条時政・義時父子、源氏一門の足利義兼《あしかがよしかね》・山名《やまな》義範《よしのり》、千葉常胤、安達盛長、土肥実平、岡崎義実、工藤景光《くどうかげみつ》、宇佐美祐茂、土屋宗遠《つちやむねとお》、佐々木定綱らが続き、最末には畠山重忠が従った。

寝殿《しんでん》に入ったのち、武士たちは侍所の広間に参集し、二列に向かい合って座った。義盛がその中央に祗候《しこう》し、「着到《ちゃくとう》」すなわち出仕した者たちの名前を記録した。その数は実に三一一人に及んだ。さらに、『吾妻鏡』同日条は、「御家人ら同じく宿館を構へ、これより以降、東国皆その道あるを見、推して鎌倉の主となす」と続けている。すなわち、武士たちも御所の周囲に居館を構え、頼朝を「鎌倉の主《あるじ》」として推戴する従者「御家人《ごけにん》」となったのである。「鎌倉殿《かまくらどの》」の誕生である。東国の辺鄙な土地であった鎌倉は、これ以後、多くの人々が集住し、家屋が立ち並ぶ〈武家の都〉として発展していくことになる。

木曽義仲の上洛

翌治承五年(一一八一)閏二月四日、熱病に苦しめられていた平清盛が死去した。追善の仏事を行うより、頼朝の首を取ることを優先せよと遺言したという。祖父正盛、父忠盛の跡を継ぎ、保元・平治の乱に勝利したのち、後白河院と虚々実々の駆け引きを繰り広げ、安徳天皇の外戚の地位をも手に入れて都の政界に君臨した稀代の武将の壮絶な最期《さいご》であった。これにより、平家の命運は凡庸な子息宗盛《むねもり》の手に委ねられることになった。

七月に改元して養和元年となったこの年は、全国的な大飢饉に見舞われ、戦闘が一時的に中断した。この間に頼朝は後白河に密使を送り、和平提案を行った。その内容は、摂関家《せっかんけ》の公卿《くぎょう》九条兼実《くじょうかねざね》が残した日記『玉葉《ぎょくよう》』*によれば、頼朝には「全く謀反《むほん》の心なく」、挙兵も「偏《ひとへ》に君の御敵を伐らんがため」であり、もし平家を滅亡させることができないのであれば、「古昔《こじゃく》の如く、源氏・平氏相並びて召し仕」い、どちらが「王化を守り」「君命を恐れる」か、試してみてはどうかというものであったという。挙兵自体が以仁王の令旨《りょうじ》を奉じる形で行われたことからもわかるように、頼朝は後白河を頂点とする朝廷を絶えず意識し、都の政界と良好な関係を構築しようと腐心していたのである。

ただ、平家が都を掌握しているこの段階では、後白河もこれに応えることはできず、頼朝の身分も流人のままであった。そこで、治承から養和、続いて寿永と改元が繰り返されても、東国を実効支配する頼朝は治承五年、同六年のごとく、治承の元号を使い続けた。

情勢が大きく動いたのは寿永二年（一一八三）四月であった。信濃で挙兵して北陸道にも勢力を伸ばした木曽義仲を攻めるべく、平氏が追討軍を派遣したのである。迎え撃った義仲は、五月一一日、加賀と越中の国境、砺波山《となみやま》の倶利伽羅峠《くりからとうげ》で平氏軍に壊滅的な打撃を与えた。「倶利伽羅峠の戦い」である。潰走した平氏はその後も体制を立て直すことができず、七月二五日、安徳天皇、三種《さんしゅ》の神器《じんぎ》*とともに西海に落ちて行った。「平家都落ち」である。平氏軍に大勝した義仲は、甲斐源氏・美濃源氏・近江源氏などの武士団を糾合《きゅうごう》して、ついに入洛を果たした。従兄弟の頼

＊『玉葉』　九条兼実の日記。一一六四（長寛二）年から一二〇三（建仁三）年までの記事がある。平氏政権や内乱の様相、幕府の成立などを詳細に記している。激動の時代の政治・社会・文化・宗教に関する第一級の史料。

＊三種の神器　皇位の象徴。八咫鏡（やたのかがみ）、八尺瓊勾玉（やさかにのまがたま）、天叢雲剣（あめのむらくものつるぎ、草薙剣、くさなぎのつるぎともいう）の三種。

朝に対し強烈なライバル意識を抱いていた義仲は、自身の優位を確信したに違いない。

ところが、話はそれほど甘くはなかった。七月三〇日、後白河の御所で開かれた論功行賞の会議で功績第一とされたのは、義仲ではなく頼朝だったのである。確かに頼朝は義仲より一カ月ほど早く挙兵した。しかし、平氏軍を都から落としたのは紛れもなく義仲の武力である。にもかかわらず、頼朝の功績が高く評価されたのは、東国を支配下に置いた頼朝が、その軍事力を示しつつ、密使を派遣して粘り強く朝廷と交渉を繰り返してきたからであろう。都の政界に触れたこともない義仲には、こうした交渉術はなかった。

「十月宣旨」と義仲の滅亡

それはかりでない。平氏軍が食料や物資を持ち去った都で、義仲配下の武士たちが乱行を働いたのである。そのため義仲は、後白河をはじめとした貴族たちから庶民に至るまで、都の人々の支持を急速に失っていった。結局、平氏追討を迫られた義仲は、九月には西海に向けて出陣せざるを得なくなった。

一方、頼朝は、一〇月九日、ついに流人の身分を解かれ、従五位下に復した。待ちに待った貴族社会への復帰である。そして、一〇月一四日、画期的な命令、研究史上「寿永《じゅえい》二年《にねん》十月宣旨《じゅうがつせんじ》」と呼ばれる命令が朝廷から発せられた。背景には、「鎌倉殿」という政治的・軍事的地位を手に入れ、東国に独自の支配圏を築いた頼朝側からの提案があった。それを受けて出された宣旨の内容は次のようなものであった。第一に、頼朝が実効支配を続けている東海道・東山道《とうさんどう》の荘園・国衙《こくが》領において、領主・国司の権限を従来通りの形に復活させる。第二には、領主や国司の命令に従わない者がいれば、朝廷は頼朝に命じて追討させるという内容である。一見、頼朝が朝廷を構成する荘園領主や国司の権限に配慮し、譲歩したような内容になっている。しかし、東国は頼朝が実効支配している地であるから、現実には頼朝が了承・容認しなくては年貢も税も領主・国司のもとには届かない。したがって、第二の条文すなわち東国における頼朝の追討権を朝廷が公に認めたことにこそ、実質的な意義があったといえる。言い換えるならば、「十月宣旨」によって、朝廷は頼朝の東国支配権を公認したということである。挙兵以来、粘り強く続けてきた巧みな交渉が実を結んだわけである。

しかし、これを知った義仲は激怒した。都にとって返し、後白河に詰め寄ると、一一月一九日には、後白河の御所である法住寺殿《ほうじゅうじどの》に攻め寄せて軍事クーデターを敢行した。院近臣《いんのきんしん》を追放し、摂政《せっしょう》を近衛基通《このえもとみち》から松殿基房《まつどのもとふさ》の子息、わずか一二歳の師家《もろいえ》に替えた義仲は、翌寿永三年（一一八四）一月、征東（または夷）大将軍に任官するに至った。

後白河は頼朝に救いを求めた。義仲追討の大義名分を得た頼朝は、さっそく弟の範頼《のりより》・義経を大将とする数万騎の大軍を入洛させた。義仲は四天王と称された今井《いまい》兼平《かねひら》ら剛勇の武士たちを従えて迎え撃ったが、あえなく敗北し、近江国粟津《おうみのくにあわづ》で自害した。「延慶本《えんきょうぼん》」の『平家物語』によれば、主の死を見届けた兼平は、「日本第一ノ甲ノ者ノ主ノ御共ニ自害スル、八ケ国ノ殿原、見習給へ」と大音声《だいおんじょう》をあげて高い所にのぼり、大刀《たち》を口にくわえて馬から真っ逆さまに飛び降りて大刀に貫かれて壮絶な最期を遂げたという。

政権基盤の強化と整備

義仲を滅ぼした寿永三年（一一八四）、四月に改元して元暦元年となったこの年の前後に、頼朝は自身の権威・権力を脅かす恐れのある危険な存在を誅殺《ちゅうさつ》・排除する一方、行政上の組織を整えて政権基盤の強化を図った。

最初に血祭りにあげられたのは上総広常であった。広常は前年の寿永二年に誅殺されたのであるが、『吾妻鏡』は寿永二年の記事を欠いているため、事の詳細については不明な点が多い。寿永三年の正月一七日条によれば、広常が謀叛《むほん》の心を抱いていることが露顕したため誅殺されたという。ただ、同日条では実際には広常にそうした心はなく、頼朝は誅罰したことを後悔したとも記されている。とはいえ、広常はもともと極めて独立心の強い東国武士であった。頼朝に対しても下馬《げば》の礼《れい》をとることを拒んだという逸話が残されている。富士川合戦で平氏を追って上洛するよう頼朝が命じた際、真っ先に反対し、鎌倉に戻ることを主張したのも広常である。義仲を滅ぼし、平氏と対決するには多くの東国武士を上洛させ、さらに西海へ下向させなくてはならない。こうした頼朝の目指す方向性と相容れないところがあったことは確かであり、そのため誅殺の憂き目にあったと考えられよう。

次いで誅殺されたのは義仲の嫡子で、鎌倉に人質として差し出されていた清水義高《しみずよしたか》であった。頼朝自身、父義朝を死に追いやった平家を打倒するため挙兵したのであるから、義高を生かしておけば、将来、父の敵である頼朝に反旗を翻す可能性があることはわかっていた。そこで、鎌倉脱出を試みた義高の誅殺を、四月二一日、堀親家《ほりちかいえ》に命じたのである。

しかし、この決断は頼朝・政子夫妻に後悔と精神的苦痛をもたらすことになった。というのは、まだ幼い長女の大姫《おおひめ》が義高を将来の夫と信じ、心を寄せていたからである。義高の鎌倉脱出にも一役買った大姫は、二六日、入間河原《いるまがわら》で義高が討たれたとの報が届くと、嘆きの余り飲食を断った。その後も大姫は頼朝夫妻に対し頑《かたく》なに心を閉ざし、病の床に臥すことが多くなった。後述するように、頼朝はやがて後鳥羽天皇のもとに大姫を入内《じゅだい》させようと画策するが、そこでも大姫の精神的・肉体的な問題は障害となった。

さらに、六月一六日、甲斐源氏武田信義の子息で、威勢を振るっていた一条忠頼《いちじょうただより》が、世を乱す野心があるとして誅殺された。これは幕府内の酒宴の場で行われた誅殺劇で、忠頼の家臣たちも稲毛重成《いなげしげなり》・榛谷重朝《はんがやしげとも》・天野遠景・結城朝光《ゆうきともみつ》によって討ち取られた。後年、頼朝は自身の方向性に相反する御家人、自身の権威・権力をないがしろにする御家人に対して、しばしば誅殺という究極の手段を用いるようになるが、その端緒がこの年に明確に現れたといえる。それは挙兵当初や、富士川合戦の頃とは大きく異なる姿であり、戦乱の中で身につけた自信や開花したカリスマ性に裏打ちされたものと考えられよう。

　こうして危険分子を排除していく一方、頼朝は組織の整備にも力を入れた。公文所《くもんじょ》を新造し、一〇月六日、吉書始《きっしょはじめ》*を執り行ったのである。長官である別当には京下りの貴族で、実務能力にたけた中原広元《なかはらのひろもと》（大江広元《おおえのひろもと》）*が任じられた。そのほか中《なか》原親能《はらのちかよし》・二階堂行政《にかいどうゆきまさ》・足立遠元《あだちとおもと》・大中臣秋家《おおなかとみあきいえ》・藤原邦通《ふじわらのくにみち》らが寄人《よりゅうど》*となった。その二週間後の二〇日には、訴訟の口頭弁論を行い、頼朝の裁許の判断材料となる記録を取る機関として、御所の東側に問注所《もんじゅうしょ》を設けた。詳しくは第Ⅱ章で述べるが、鎌倉幕府の中央行政機関は、この元暦元年に一応の成立をみたといえる。

平家の滅亡

　一方、軍事的には、これに先立つ二月七日、西海道《さいかいどう》・山陽道の軍兵《ぐんぴょう》数万騎を従えて摂津と播磨の国境にある一ノ谷に城郭を築いた平氏軍に対し、頼朝は義仲追討のために派遣した範頼・義経軍を差し向けた。「一ノ谷の合戦」である。戦闘は、背後から急襲した義経の「坂落《さかお》とし」も功を奏し、平氏軍の大敗に終わった。歌人として名をはせた平忠度《たいらのただのり》をはじめ、知章《ともあきら》・敦盛《あつもり》・経正《つねまさ》・通盛《みちもり》ら平家一門の多数の公達《きんだち》が戦死し、南都を焼打ちした重衡《しげひら》は生け捕りになった。平氏軍は船に乗り、再び西海へと落ちて行った。

　後白河は、捕虜となった重衡を通じて平氏軍を率いる宗盛と和平交渉を行った。何

---

* **吉書始**　吉日良辰を選んで慶賀のしるしに文書を発給する儀礼。年頭や改元時、将軍就任の際などに行われた。

* **大江（中原）広元**　一一四八～一二二五年。平安末期・鎌倉初期の官人。実父は大江維光。一説には中原広季または藤原光能。明法博士の中原広季の養子となったが、後に大江姓に復した。実務能力を買われ、鎌倉に下向。政所の初代別当となった。

* **寄人**　朝廷や幕府の諸機関に所属する職員のこと。本来の官職とは別に、諸機関の役職に身を寄せることから寄人といった。

としても安徳天皇と三種の神器を取り戻したかったのである。しかし、交渉は決裂した。重衡は鎌倉に下向して頼朝に拝謁《はいえつ》し、再度上洛する途中、南都の衆徒に引き渡され処刑された。

八月になると、頼朝は鎌倉に戻っていた範頼に平家追討を命じ、八日、範頼は多数の軍勢を引き連れ、鎌倉を発った。ただし、都に留まっていた義経は、頼朝の許可なく朝廷から左衛門《さえもんの》少尉《しょうじょう》に任じられ、検非違使《けびいし》の宣旨を賜ったため、追討使には加えられなかった。ところが、入洛した範頼軍は、追討の官符《かんぷ》を賜り、九月一日、西海に向けて出陣した。周防国《すおうくに》まで下向したにもかかわらず、はかばかしい戦果を挙げることができなかった。兵船《ひょうせん》もなく兵糧《ひょうろう》も尽きていく中で年を越し、軍勢の士気は下がる一方であった。

そこで、頼朝は元暦二年（一一八五）正月から二月にかけて、追討軍を慰撫《いぶ》し、細かな指示を加えた書状を次々と送るとともに、義経にも平氏追討を命じた。喜び勇んだ義経は、二月一六日、暴風が吹き荒れる中、摂津国《せっつのくに》渡辺から船を出し、瞬く間に阿波国《あわのくに》に渡ると、夜を徹して進撃し、一八日には平氏が陣取る讃岐国《さぬきのくに》の屋島《やしま》を攻めた。「屋島の合戦」である。那須与一《なすのよいち》が、小舟の上で揺れ動く扇の的を、水際から見事に射抜いてみせたのはこの時である。敗れた平氏は再び海上に逃れた。

源平両軍の最後の決戦は、三月二四日、長門国赤間関《ながとのくにあかまがせき》の海上で繰り広げられた。「壇ノ浦合戦」である。義経は範頼軍と合流し、総勢八四〇艘の軍船で五〇〇艘余の平氏軍に襲いかかった。本州と九州の間の海峡である赤間関は川のように潮の流れが速く、源氏軍はそれを見極めて攻勢をかけた。真昼にあたる午《うま》の刻、ついに平氏軍の敗色が濃厚となった。

清盛の未亡人で二位《にい》の尼《あま》と呼ばれた平時子《たいらのときこ》は、数え年わずかに八歳という孫の幼帝安徳を抱きかかえ、『平家物語』によれば、「浪のしたにも都のさぶらうぞ」と慰めつつ、入水《じゅすい》したという。三種の神器のひとつである宝剣も海底に沈んだ。安徳の母親で清盛の娘の建礼門院徳子は入水したものの、引き上げられて命を救われた。知将として名高い平知盛《たいらのとももり》*をはじめ、教盛《のりもり》・資盛《すけもり》・有盛《ありもり》ら多くの公達が海中に身を投じ、自ら命を絶った。そうした中、平氏を率いてきた宗盛は死にきれず、子息の清宗《きよむね》とともに生け捕りになった。ふたりはその後、鎌倉に下向して頼朝に拝謁し、再び都に向かう途中で斬首《ざんしゅ》された。こうして主《おも》だった公達が死に絶え、栄華を極めた平家は滅亡した。

鎌倉にいる頼朝のもとに平家滅亡の一報が届いたのは、四月一一日、亡父義朝の冥福を祈るための寺院、南御堂勝長寿院《みなみのみどうしょうちょうじゅいん》の立柱《りっちゅう》・上棟《じょうとう》の儀*に臨んでいた時であった。『吾妻鏡』によれば、義経からの戦勝報告の記録を藤原邦通《ふじわらのくにみち》が御前にひざまずいて読み上げると、記録を手に取った頼朝はこれを自ら巻き戻し、黙ったまま鶴岡八幡宮に向かって座り直したという。余りの感慨深さに言葉を発することもできなかったのである。

＊**平知盛**　一一五二〜八五年。清盛の四男。母は時子。武勇・知略にすぐれ、平氏軍の主力として活躍したが、壇ノ浦合戦で敗れ、入水した。

＊**立柱・上棟の儀**　立柱は柱立てともいい、家屋の建設などで初めて柱を立てる儀式。上棟は棟上げともいい、柱・梁などを組み立て、棟木を上げる儀式。

三　天下落居へ

義経の没落

元暦二年（八月に改元して文治元年、一一八五）の四月一二日、頼朝は平家滅亡後の案件について評議し、範頼には九州に残って没収した土地いわゆる没官領《もっかんりょう》などの処理に当たらせ、義経には捕虜を連れて上洛させることに決した。また一五日には、頼朝の推挙を受けずに朝廷の官職に任官した御家人たちを叱責する文書を作成して京都に送りつけた。その表現は各人の欠点を、具体的に口を極めて罵《ののし》ったもので、たとえば兵衛尉《ひょうえのじょう》になった後藤基清《ごとうもときよ》は「目ハ鼠眼《ねずみまなこ》ニテ只候《ただこう》ずべきの処、任官希有也（目は鼠のような眼で、ただ祗候していればいいものを任官するとはとんでもない）」、刑部丞《ぎょうぶのじょう》になった梶原朝景《ともかげ》は「音様《こえさま》シワカレテ、後鬢《びん》サマテ刑部カラナシ（声はしわがれて、後頭部の髪も刑部丞の柄ではない）」と酷評し、頼朝軍の中核を担ってきた八田知家《はったともいえ》*・小山朝政《おやまともまさ》*に対しても、九州に下向する際、京都でそれぞれ右衛《うえ》門尉《もんのじょう》・兵衛尉《ひょうえのじょう》に任官したことを非難し、「駘馬《たいば》の道草喰らふが如し（のろい馬が道草を食うようなものだ）」と罵ったのである。

当時の武士たちにとって朝廷の官職や位階は大きな魅力であった。頼朝があえて激怒してみせたのは、鎌倉殿である頼朝を通じてしか御家人たちが朝廷の伝統的権

＊八田知家　生没年不詳。下野の豪族宇都宮氏の一族で、父は宗綱。一説には義朝が父で、宇都宮朝綱の娘が母。早くから頼朝のもとに参向。頼朝の信任があつく、奥州合戦でも東海道軍の大将軍として活躍。常陸守護。

＊小山朝政　?〜一二三八年。下野国の豪族。父は政光。長沼宗政・結城朝光の兄。志田義広の攻略や奥州合戦などで武功をあげた。下野・播磨の守護。

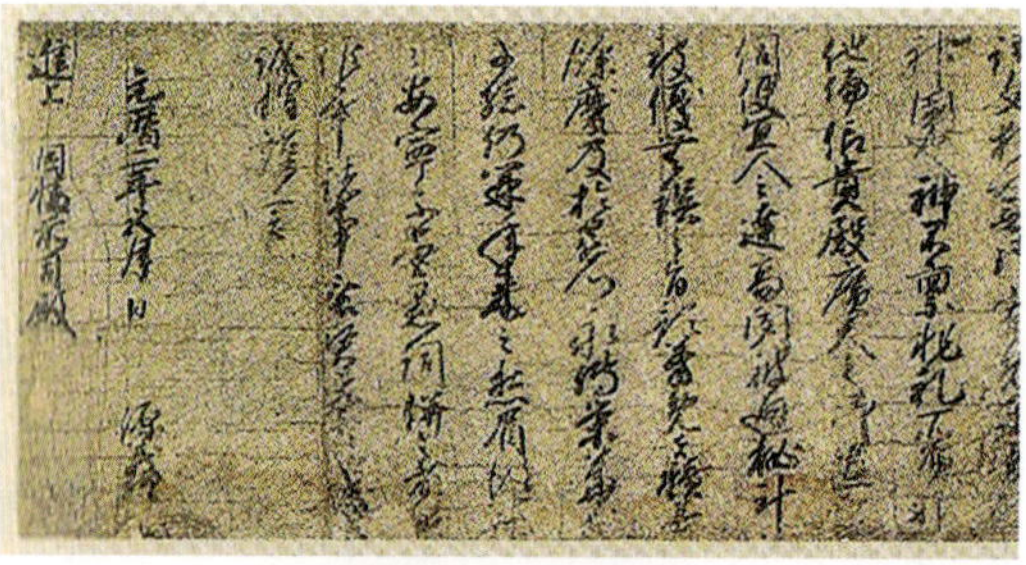

腰越状　満福寺蔵

威・権力と結びつく道がないことを明示し、頼朝による一元的な御家人統制を徹底するためであった。そこには、彼らが後白河を頂点とする貴族政権に利用されることを阻止する意味もあった。

　頼朝の実の弟である義経も、御家人である以上、話は同じである。頼朝の推挙なく左衛門尉に任官した義経が、いったん平氏追討軍からはずされたことは先に述べた。ところが、武略には優れていても、政治的な感性の乏しい義経は頼朝の真意を理解することができなかった。それに加え、鎌倉殿の実弟というエリート意識の強い義経に対し、不満や反発を抱く御家人がいることが頼朝の耳に入り、義経は勘気《かんき》を蒙ることになった。

　五月になり、捕虜の平宗盛・清宗を伴って戻ってきた際にも、義経のみは鎌倉に入ることが許されなかった。五月二四日、義経は逗留していた腰越《こしごえ》から、讒言《ざんげん》によって罪なくして咎《とが》を受け、功ありこそすれ誤りはないのに勘気を蒙った身の苦衷《くちゅう》を訴え、今は頼朝の慈悲にすがるしかないと涙ながらにつづった侘び状、いわゆる「腰越状《こしごえじょう》」を提出した。しかし、その文面には「五位の尉《じょう》に補任《ぶにん》するの条、当家の面目」、つまり五位の検非違使尉《けびいしのじょう》に任官したことは我が源家の面目であるとの表現がみえ、義経が何ひとつ理解できていないことが明白であった。結局、許されることのなかった義経は、六月九日、宗盛・清宗を連れて帰洛の途についた。その際、関東に怨みのある者は義経に従え、との言葉を吐いたため、恩賞として義経に与えられた平家没官領はすべて取り上げられた。

文治の守護・地頭

八月一四日、元暦二年（一一八五）は文治元年と改められた。

頼朝・義経兄弟の対立は深刻さを増し、一〇月一七日、頼朝が刺客として土佐房《とさのぼう》昌俊《しょうしゅん》を義経の六条室町亭に送り込んだのに対し、これを撃退した義経は、翌一八日、後白河に迫って頼朝追討の宣旨を発令させた。さらに、九州と四国の住人は義経とその叔父の行家《ゆきいえ》に従うよう命ずる院庁下文《いんのちょうくだしぶみ》も得た。宣旨や院庁下文の権威によって軍兵を集めようとしたのである。

一方、頼朝は、一〇月二四日、亡父義朝の冥福を祈る大寺院、勝長寿院《しょうちょうじゅいん》の落慶《らっけい》供養《くよう》の儀*に臨んだ。儀式は導師《どうし》に三井寺《みいでら》（園城寺《おんじょうじ》）の高僧、本覚院僧正公顕《ほんがくいんそうじょうこうけん》*を招き、多数の御家人を参集して盛大に挙行された。しかし、儀式が終わると、頼朝は侍所別当・所司の和田義盛・梶原景時を御所に召し、明日、自ら上洛する旨を伝え、軍士を集めるよう命じた。供養の儀には三千人近くもの御家人が参集していた。その中で、すぐにでも上洛が可能であると名乗り出た小山朝政・結城朝光らが、翌朝、先遣隊として鎌倉を進発した。

---

* **落慶供養の儀**　寺社などの新築・改築が落成したことを慶び祝って行う法要のこと。

* **本覚院僧正公顕**　一一一〇～一一九三年。父は顕康王、母は藤原基忠の娘。園城寺（三井寺）長吏。頼朝に招かれ、勝長寿院・永福寺の落慶供養の導師となった。頼家遺児の公暁は園城寺での修行中、公顕の弟子となった。

その頃、義経は、宣旨や院庁下文を得たにもかかわらず、思うように軍兵を集めることができず、一一月三日、武蔵坊弁慶《むさしぼうべんけい》らわずかな手勢と愛妾《あいしょう》の静御前《しずかごぜん》*、叔父の行家らとともに都を出奔した。その後、摂津国大物浜《だいもつのはま》から船に乗った一行であったが、暴風に見舞われて散り散りになり、天王寺近辺から行方をくらました。数々の伝承を生んだ逃避行の始まりである。駿河国黄瀬川の宿《しゅく》でこの報に接した頼朝は、一一月一〇日、鎌倉に帰還した。

義経・行家らの武力を失い、あわてふためいたのは後白河や院近臣《いんのきんしん》たちであった。入洛した御家人たちから頼朝の激怒ぶりを聞いたからである。さっそく近臣の高階《たかしな》泰経《やすつね》*が弁明の書を鎌倉に送ったが、頼朝は義経・行家の謀叛を「天魔《てんま》の所為《しょい》」とする泰経の言い逃れを非難し、「日本第一の大天狗」と応じたのであった。

次いで頼朝は、北条時政を自身の代官として上洛させた。『吾妻鏡』によれば、入洛した時政は、一一月二八日、「諸国平均に守護・地頭を補任《ぶにん》し、権門勢家《けんもんせいけ》庄公《しょうこう》を論ぜず、兵粮米《ひょうろうまい》〈段別五升《たんべつごしょう》〉を宛《あ》て課《か》すべきの由」を申請し、翌二九日、後白河は申請通り行うよう命じた。いわゆる「文治《ぶんじ》の守護・地頭」設置の勅許《ちょっきょ》である。詳しくは第Ⅱ章で述べる。

また、入洛した当初は、頼朝の舅《しゅうと》というだけで、名前すら正確に認識されていなかった時政であったが、四カ月ほどの滞在中に優れた交渉術と実務能力を発揮し、後白河はもちろん九条兼実《くじょうかねざね》・吉田経房《よしだつねふさ》*ら有能な貴族たちをうならせた。鎌倉帰還

---

* **静御前** 生没年不詳。義経の妾。磯禅師の娘。舞の名手として世に知られた白拍子。義経と静の話は伝説を生み、軍記物語『義経記』や、能『吉野静』『二人静』『船弁慶』などに取り込まれた。

* **高階泰経** 一一三〇～一二〇一年。平安末期・鎌倉初期の貴族。父は泰重、母は藤原宗兼の娘。後白河院の近臣。八五（文治元）年、義経に同意したとして頼朝の怒りを買い、大蔵卿を解任された。

* **吉田経房** 一一四三～一二〇〇年。平安末期・鎌倉初期の公卿。父は藤原光房、母は藤原俊忠の娘。別邸が洛東吉田にあり、吉田を称した。優秀な実務官僚で、後白河・頼朝の信任があつかった。日記『吉記』は重要史料。

を命じられ、翌年三月末に都を出る頃には、人々が心から別れを惜しむほどになった。頼朝の死後、数々の陰謀を繰り返し、北条氏発展の基礎を築いた老獪《ろうかい》な政治家の一面が顔をのぞかせた滞在であった。

鎌倉の静御前　翌文治二年（一一八六）の三月一日、義経の愛妾静御前が母の磯禅師《いそぜんじ》とともに鎌倉に到着した。静は前年の一一月、義経らと離れ離れになり、吉野の蔵王堂《ざおうどう》で捕えられていた。都に連れ戻され、時政の尋問を受けた後、頼朝の命で鎌倉に下向してきたのである。

一カ月余り経った四月八日、天下に名をはせた白拍子《しらびょうし》の芸をみたいと政子が所望したため、静は鶴岡八幡宮の廻廊に召し出された。義経の愛妾として衆目にさらされることを恥辱と考え、固辞していた静であったが、頼朝の再三の命令により仕方なく舞を披露することになった。在京経験が長く都の教養を身につけていた工藤《くどう》祐経《すけつね》が鼓を打ち、文武両道に秀でた畠山重忠《はたけやましげただ》が銅拍子《どびょうし》を担当した。

静は歌った。

よし野山　みねのしら雪　ふみ分て　いりにし人の　あとぞこひしき
しづやしづ　しづのをだまき　くり返し　昔を今に　なすよしもがな

愛する義経を恋慕い、別れを悲しむ曲であった。上下の人々は皆感動したが、頼朝は、八幡宮の神前で芸を披露するにあたっては関東の平安長久を祝うべきであるのに、反逆した義経を慕うとはけしからんと憤った。しかし政子は、流人時代や石橋山合戦後の頼朝と自分との関係を、今の義経と静に重ね合わせ、頼朝をなだめた。これを聞いた頼朝も心を鎮め、卯《う》の花重《はながさ》ねの衣を御簾《みす》の外に押し出して、褒美として与えたのであった。

その後も静は鎌倉に滞在し、心ならずも御家人たちの酒席に出たり、頼朝の長女大姫の前で芸を披露したりした。帰洛を留められたのは、静が義経の子を身ごもっていたからである。生まれた子が女子であれば静が育てることに問題はなかったが、もし男子であれば将来の危険を除去するために命を絶つと頼朝は心に決めていた。閏七月二九日、静が産んだのは男子であった。さっそく安達清経《あだちきよつね》が使者として静の宿所に遣わされた。静は赤子を抱きしめて床に臥し、泣き叫んで拒み続けたが、恐れをなした母親の磯禅師が赤子を奪い取って清経に渡した。結局、生まれたばかりの男の子は由比の浦に棄てられた。

かつて頼朝は、義仲を滅ぼした後、その嫡子義高を誅殺し、長女の大姫を悲しみ

鶴岡八幡宮舞殿

＊『義経記』 義経の生涯を描いた軍記物語。作者不詳。室町期の成立。源平合戦時の活躍はほとんど描かれず、

の底に突き落とした。しかし、平治の乱で捕えられたものの、処刑されず伊豆に流されたが故に、父義朝を倒した平清盛に敵対し、平家を滅亡に追い込んだ頼朝である。自らの経験に照らし合わせれば、反逆者義経の子を生かしておくわけにはいかなかった。頼朝は単に冷酷な心を持った独裁者だったわけではない。静や大姫をはじめとする多くの人々の悲しみとともに、頼朝の心に宿った深く暗い闇をかいまみるような思いがする。

静とその母磯禅師が暇を賜り帰洛の途についたのは、一カ月半後の九月一六日であった。政子と大姫は憐れんで、数々の貴重な品を与えたという。

奥州合戦　一方、義経はわずかな手勢を伴って、吉野・鞍馬・多武峰《とうのみね》・比叡山・興福寺などを転々としていた。山伏に姿を変えた一行が、加賀国安宅関《かがのくにあたかのせき》で武蔵坊弁慶の機転により窮地を脱したという、軍記物語の『義経記《ぎけいき》』*や、能の『安宅《あたか》』*、歌舞伎の『勧進帳《かんじんちょう》』*に描かれた逸話なども、こうした逃避行の中から生まれた伝承に基づいている。

行方のわからなかった義経の居場所が判明したのは、文治四年（一一八八）になってからであった。義経は奥州藤原氏の平泉に逃げ込んでいたのである。頼朝ですら脅威を感じていた藤原秀衡《ふじわらのひでひら》は、すでに前年の一〇月二九日に病没していたが、跡を継いだ泰衡《やすひら》*が秀衡の遺言を守り、義経をかくまっていた。

頼朝は、まず朝廷に対し、義経捕縛を命ずる宣旨を発給するよう申請した。宣旨

不遇な幼少期、および逃避行から悲劇的最期までが詳しく描かれる。

＊**能『安宅』**　義経主従が安宅関で関守の富樫に怪しまれるが、武蔵坊弁慶の機転により危機を脱するという現在能。シテは弁慶、ワキが富樫、義経は子方が演じ、義経の郎等九人がツレとして登場する。

＊**歌舞伎『勧進帳』**　能の『安宅』を原拠にした歌舞伎。弁慶の〈勧進帳読み上げ〉〈山伏問答〉〈飛び六法（六方）〉など、歌舞伎特有の派手な見せ場、「荒事」の芸が盛り込まれている。

＊**藤原泰衡**　一一五五～八九年。奥州藤原氏の四代目。父は秀衡。頼朝の圧力に屈し、父の遺言に反して義経を討ったが、頼朝率いる大軍に攻められ敗走。家人の河田次郎に殺された。

は文治四年二月と一〇月に発せられたが、泰衡はこれを無視した。こうした事態を受けて頼朝は、翌文治五年（一一八九）、義経と泰衡は自ら誅罰するとの旨を朝廷に伝え、追討宣旨の発給を申請するとともに、全国に軍事動員をかけた。朝廷は宣旨の発給を渋るが、窮地に陥った泰衡は、閏四月三〇日、衣河館《ころもがわのたち》の義経を襲い、自殺に追い込んだ。享年三一歳。伝説に彩られた武人の悲痛な最期であった。

義経の滅亡を知った後白河は、奥州への出兵を中止するよう頼朝に命じた。ところが、頼朝は、六月二五日、出兵を中止するどころか、なおも泰衡追討の宣旨を発給するよう要請してきた。これにより、頼朝にとって反逆者義経の存在はもはや問題ではなく、奥州藤原氏を軍事的に制圧することこそ重大な関心事だったことがわかる。

とはいえ、追討の宣旨という大義名分がないままの出兵には、さすがの頼朝も躊躇した。『吾妻鏡』によれば、迷う頼朝に対し、挙兵以来の重臣である大庭景義《おおばかげよし》が「軍中に将軍の令を聞き、天子の詔《みことのり》を聞かず」という武家の故実を引合いに出し、勅命が下されなくとも、御家人の跡を受け継ぐ泰衡を討つことに何の問題があろうかと進言したという。頼朝は出兵の決意を固め、七月一九日、自ら大軍を率いて鎌倉を進発した。「奥州合戦」である。後日これを知った朝廷は、あわてて七月一九日付けの追討宣旨を作成し、鎌倉に送った。

頼朝は大軍を大手軍《おおてぐん》・東海道軍・北陸道軍の三手に分け、自ら大手軍を率いて進撃した。頼朝自身が遠征して合戦を遂げるのは、挙兵した治承四年（一一八〇）以来のことである。泰衡は防戦に努めたが、大軍の前にあえなく敗退し、九月二日、郎等《ろうどう》の河田次郎《かわだのじろう》の裏切りにあって殺された。

しかし、頼朝にとって、この合戦の意義は奥州藤原氏を軍事的に壊滅させることだけではなかった。九月一七日、頼朝軍は厨川《くりやがわ》に進撃したが、ここは康平五年（一〇六二）の同じく九月一七日、前九年合戦《ぜんくねんかっせん》*において、頼朝の祖先にあたる鎮守府《ちんじゅふ》将軍《しょうぐん》源頼義《みなもとのよりよし》が安倍貞任《あべのさだとう》を討った地である。つまり奥州合戦は、「曩祖《のうそ》将軍」として崇拝される頼義の輝かしい功績を御家人たちに再認識させると同時に、頼朝が頼義の正統な後継者であることを高らかに宣言し、自身の権威を確立させるという政治的な意義を有していたのである。

平泉　毛越寺鐘楼跡

挙兵後、初の上洛　奥州合戦に勝利して北方の脅威を除いた頼朝は、改元して建久元年（一一九〇）となった翌年の

＊**前九年合戦**　平安中期の一〇五一〜六二（永承六〜康平五）年に奥羽で起きた内乱。陸奥守兼鎮守府将軍の源頼義が安倍頼時・貞任らと戦い、鎮圧した。源氏と東国武士団との間に主従関係が結ばれる契機となった。

一〇月三日、鎌倉を発って上洛の途についた。後白河とその女房丹後局《たんごのつぼね》高階栄子に対する豪華な贈り物を携え、畠山重忠を先頭に、威儀を整えた騎馬武者を多数従えた一行は、東海道を一カ月余りかけて悠々と歩を進め、一一月七日、入洛を果たした。その有様はまさに壮観であった。これを一目見ようと牛車《ぎっしゃ》が賀茂《かも》川《がわ》の河原に立ち並んだ。その中には内々に見物に来た後白河の牛車もあったという。

一カ月ほどの滞在中、頼朝は後白河や親幕派の公卿《くぎょう》九条《くじょう》兼実《かねざね》と会談を重ねた。長い内乱を通じて、鎌倉と都に本拠を置きながら交渉を続けてきた当事者同士の対面である。それぞれの胸中に、さまざまな感慨や政治的な思惑などがよぎったことであろう。『玉葉《ぎょくよう》』によれば、後白河と対面した後、兼実に会った頼朝は、今は法《ほう》皇《おう》の後白河が天下の政治を動かしており、天皇も皇太子のようだ、法皇「御万歳の後」すなわち後白河が崩御した後、頼朝に運があれば政治を本来の形に戻すつもりだが、今は万事思い通りにはいかない、と語ったという。これを聞いた兼実は、頼朝の言葉ははなはだ意味深長だと評している。

一一月九日、頼朝は権大納言《ごんのだいなごん》に任じられ、朝廷の最上流の貴族である公卿に列した。さらに、再三の固辞にもかかわらず、一一月二四日には右近衛大将《うこのえのたいしょう》にも任じられた。天皇を間近で守護する武官の最高職である。いずれも内乱を平定した功績に対する後白河からの恩賞であった。

しかし、頼朝は後白河の思惑通りには動かなかった。任官の祝賀行事をすませると、一二月三日、両職の辞任を申し出て、さっさと辞めてしまったのである。そして、前権大納言《さきのごんのだいなごん》・前右近衛大将《さきのうこのえのたいしょう》という肩書だけを持って、一二月一四日、鎌倉に向け都を後にした。ここでも頼朝は、都の政界で貴族たちと交わり、王権を守護する道ではなく、自身が築き上げた東国の武家社会に君臨する道を選んだのである。

征夷大将軍

とはいえ、前権大納言・前右近衛大将たる頼朝が目指す方向性は、東国の地に根を張る武士たちと必ずしも同じではなかった。年末に鎌倉に下着した頼朝は、明けて建久二年（一一九一）一月一五日、前右大将家政所《さきのうだいしょうけまんどころ》を開いて吉書始《きっしょはじめ》を行い、頼朝が花押を記す従来の文書から、政所職員が署判する文書へ切り替えるという方針を打ち出したのである。今後発給される文書には、政所職員である別当《べっとう》・令《れい》・案主《あんじゅ》・知家事《ちけじ》が署判するだけで、頼朝の花押はどこにも記されない。いわば、頼朝が御家人たちの主人「鎌倉殿」として個人的に行使してきた内容を、前右大将家政所という行政機関が行使するという制度改革である。ところが、これに対して御家人たちは拒絶反応を示した。政所職員の署判だけでは信頼性がないというのである。挙兵当初から頼朝に従ってきた重臣の千葉常胤《ちばつねたね》ですら異を唱え、政所の発給文書と一緒に頼朝の花押がある同内容の文書を下してもらうよう求めたほどである。そのため文書の切り替えの作業はなかなか進まず、実際に発給されるようになるのは翌建久三年（一一九二）六月以降からであった。

これまで頼朝は、木曽義仲・平氏・奥州藤原氏と戦う中で打ち出してきた戦時の諸施策・諸制度を、そのまま平時の体制として朝廷に認めさせ、定着させるよう努めてきた。しかし、「天下落居《てんからっきょ》」すなわち太平の世が現実のものとなった今後は、その平和を維持するために新たな次元の平時の体制を構築しなくてはならない。それこそが政権を安定させる方策と考えていたと思われる。しかし、その方向性が武士たちの感覚にそぐわなかった、という面があったのであろう。それはやがて両者の間に微妙な懸隔を生むことになる。

そうした中、建久三年（一一九二）三月一三日、頼朝が「御万歳」をひそかに期していた後白河が病没した。保元の乱の前年に践祚《せんそ》し、平治の乱、平清盛のクーデター、治承・寿永の全国的な内乱、奥州合戦といった激動を生き抜いてきた朝廷の最高権力者の死である。さまざまな駆け引きを繰り広げてきた頼朝も、鎌倉でその死を悼んだ。と同時に、ようやく政治的な桎梏《しっこく》から抜け出すことができたという開放感をも味わったのではないか。

葬儀関係の手続きが終わると、頼朝と兼実は連携して新たな政治を展開し始めた。兼実は朝廷行事の再興に意欲を燃やし、頼朝は「大将軍《たいしょうぐん》」への任官を朝廷に求め、七月一二日、「征夷大将軍《せいいたいしょうぐん》」に任じられた。任官の経緯や意義については第Ⅱ章で述べることにしたい。七月二六日、鎌倉に除書《じしょ》（辞令のこと）が届くと、頼朝は八月五日、早くも将軍家政所始《しょうぐんけまんどころはじめ》を行った。そして、ここでも将軍家政所の職員が署判する文書への切り替え作業を推し進め、ようやく将軍家政所下文《しょうぐんけまんどころくだしぶみ》という形で改革を軌道に乗せることができた。

実朝誕生と永福寺落慶供養

政所始の四日後、八月九日にはさらに喜ばしい出来事があった。政子が頼朝の次男を出産したのである。千幡《せんまん》と名付けられ、北条氏の人々が後見役となったこの若君こそ、後の三代将軍実朝《さねとも》*である。頼朝・政子夫妻には、寿永元年（一一八二）八月一二日、長男の頼家《よりいえ》が誕生していたが、以来一〇年にわたって子供に恵まれなかった。正妻の産んだ男子、すなわち頼朝の後継候補となる男子がひとりしかいないというのは、子供の成育環境に不安要素がつきまとう当時にあっては心もとないことであった。そこで、すでに四六歳に達していた頼朝は、ようやく恵まれた次男千幡を「鍾愛《しょうあい》の嬰児《みどりご》」と称して愛情を注いだ。千幡誕生の祝賀行事は三カ月余り続き、一一月二九日の五十日《いか》・百日《ももか》の儀*で一段落した。その四日前、一一月二五日には多数の御家人が鎌倉に参集し、永福寺《ようふくじ》の落慶供養の儀が盛大に挙行された。永福寺は、奥州合戦で犠牲になった人々を鎮魂するために頼朝が建立を企図した寺院で、平泉の二階大堂大長寿院《にかいおおどうだいちょうじゅいん》を模した二階建ての大伽藍を備えていた。戦没者の魂を鎮め、世を太平に導くのは統治者の責務である。頼朝は永福寺を建立し、祈りを捧げることによって、奥州を含めた東国に君臨し、その祭祀をもつかさどる統治者であることを公然と示したのである。まさに公私ともに絶頂期を迎えたといえよう。

---

* **五十日・百日の儀**　生後五十日目・百日目に行われる祝いの儀式。赤子の口に祝いの餅を含ませた。

四 頼朝晩年の幕府と朝廷

富士野の巻狩

頼朝が四七歳を迎えた建久四年（一一九三）、三月に後白河崩御の服喪期間が明けると、頼朝は下野国《しもつけのくに》の那須野《なすの》を皮切りに、信濃国《しなののくに》三原野《みはらの》、駿河《するがの》国《くに》富士野《ふじの》で大規模な狩りを主催した。弓射騎兵戦《きゅうしゃきへいせん》が戦法の中心であった当時の武士にとって、騎乗したまま獣たちを追い込み、弓矢で射取る狩りは、遊興であると同時に軍事訓練でもあった。したがって、東国各地の主要な狩場《かりば》で、多数の御家人を動員して狩りを主催するということには、頼朝が東国を支配する軍事政権の首長であることを内外に誇示する政治的・軍事的な意味があったといえる。

中でも富士の裾野、いわゆる富士野で行われた巻狩《まきがり》*は大規模であった。駿河の守護である北条時政を屋形の設営のために先乗りさせた頼朝は、五月八日に鎌倉を発ち、一五日に富士野に到着した。翌一六日には一二歳の頼家が初めて鹿を射取るという、頼朝にとってめでたい出来事があった。即座にその日の狩りを中止した頼朝は、頼家が鹿を射た場所で「山神《やまがみ》・矢口《やぐち》の祭」*を行った。これは、頼家が後継者たるにふさわしい資格の持ち主であると神も認めたことを、御家人たちに知らしめるという政治的な演出であった。というのは、頼家は頼朝の嫡子ではあったが、この

＊ 巻狩　鹿や猪などが生息する狩場を、大勢の勢子や追出犬によって四方から取り囲み、徐々に囲みを縮めて獲物を巻き込み、射取る狩猟のこと。

＊ 山神・矢口の祭　武家の男児が初めて獲物を射た時、射手たちを招き、黒・赤・白の三色の餅を山神に供えて、狩猟の成功を報謝し、祝う儀式、およびその宴のこと。

富士の巻狩(『月並風俗図』)
東京国立博物館蔵

時点では「鎌倉殿」の後継候補のひとりにすぎず、御家人たちから次期「鎌倉殿」と認められていたわけではなかったからである。

このように、絶頂期にある頼朝といえども、その方針を御家人たちに徹底させるには至っていなかった。新たな平時の体制の構築に向けて、頼朝と御家人たちとの間に微妙な方向性の違い・懸隔が生じつつあったことは先に述べた。中には頼朝の築こうとする新たな体制に強い不満・反発を抱く御家人もいた。そうした不満・反発が火を噴いたのが、次にみる「曽我兄弟の敵討ち」事件であったと考える。

曽我兄弟の敵討ち

五月二八日の深夜、曽我《そがの》十郎《じゅうろう》祐成《すけなり》*・五郎《ごろう》時致《ときむね》*という若い兄弟が、実父の敵《かたき》である有力御家人工藤《くどう》祐経《すけつね》の屋形に押し入って祐経を斬殺し、闇夜の中で御家人たちと、いわゆる「十番《じゅうばん》切《ぎ》り」を繰り広げた。その結果、多数の死傷者が出たが、兄の十郎祐成は伊豆の御家人新田《にった》忠常《ただつね》に討たれた。弟の五郎時致は頼朝の屋形に突進したものの捕えられ、翌日、頼朝じきじきの尋問を受けた後に処刑された。二二歳・二〇歳という若さであった。

兄弟は頼朝の最初の配流地、伊豆国伊東の領主伊東《いとう》祐親《すけちか》の孫で、平安末期の安元

---

* **曽我十郎祐成**　一一七二～一一九三年。伊東祐親の孫、河津三郎の嫡子。七六(安元二)年、五歳の時、父が工藤祐経に殺され、相模国の曽我祐信に再嫁した母とともに曽我荘に移住。富士野で敵を討ったが、新田忠常に討ち取られた。

* **曽我五郎時致**　一一七四～一一九三年。祐成の弟。三歳で曽我荘に移り、箱根権現で僧侶になる修行をしたが、敵討ちへの思いを断ち切れず、北条時政を烏帽子親に頼んで元服。富士野で本望を成就したが、捕えられて処刑された。

曽我兄弟　歌川国芳画

二年（一一七六）一〇月、五歳・三歳の時、祐親と所領争いを演じていた祐経に実父河津三郎祐泰《かわづのさぶろうすけやす》（もしくは祐通《すけみち》）*を殺された。その後ふたりは、相模国の武士曽《そ》我《が》祐信《すけのぶ》*に再嫁《さいか》した母とともに曽我荘《そがのしょう》に移り住み、「曽我兄弟」として成長した。頼朝の挙兵が成功し、祐経が御家人となってからも、兄弟は実父の敵として祐経をつけねらい、さまざまな苦難の末に富士野の狩場で本望を遂げたのである。ただ、兄弟にとっては祖父の祐親を死に追いやった頼朝も敵のような存在であり、五郎時致が頼朝の屋形に迫ったのもその故であった。

曽我兄弟の敵討《かたきう》ち譚《たん》は、まず女性の語《かた》り部《べ》による「曽《そ》我《が》語《がた》り」として始まり、やがて伊豆権現・箱根権現の僧侶たちによって仏教の唱導《しょうどう》*の要素が加えられ、書記化された。これが文学作品としての『曽我物語』である。さらに、芸能の世界にも取り込まれ、室町時代には能や幸若舞、江戸時代には歌舞伎の作品が作られて人気を博した。これらの作品群は「曽《そ》我《が》物《もの》」*と呼ばれ、日本人の心の中に根づいていった。

ここでは『曽我物語』に注目したい。中でも漢字（＝真《ま》名《な》）のみで記された「真《ま》

---

* **河津三郎祐泰（祐通）**　？〜一一七六年。伊東祐親の嫡子。曽我兄弟の実父。伊豆国河津荘が本拠。伊東荘の領有をめぐる祐親・祐経の争いの果てに、祐経の放った刺客により殺害された。享年は三一歳。
* **曽我祐信**　生没年不詳。相模国曽我荘が本拠。曽我兄弟の継父。河津三郎の未亡人と再婚した関係で、石橋山合戦では祐親や景親とともに頼朝を討つ側に立ったが、その後、投降。許されて御家人となった。弓射の名手。
* **唱導**　身近な素材を用いて、仏教の教えをわかりやすく唱え、仏道に導くこと。
* **「曽我物」**　曽我兄弟に取材した芸能の作品群のこと。能には『小袖曽我』『夜討曽我』など、幸若舞には『小袖乞』『和田酒盛』など、歌舞伎には『寿曽我対面』『助六縁江戸桜』などがある。

名本《なほん》」と称されるテキストは鎌倉末期の成立で、古態を残していると考えられる。虚構を含む文学作品という限定つきではあるものの、伊東や北条における頼朝の流人生活、記録や文書からはうかがい知れぬ東国武士のあり方、兄弟の苦難の生涯、そして何より頼朝の絶頂期に起きた大事件を今に伝える貴重な史料という価値を有している。

無論、曽我兄弟に関する記事は『吾妻鏡』にもみえる。しかし、事件の前後に関しては『吾妻鏡』独自の実録的な記述であるのに対し、事件の核心部分については、なぜか「真名本」の叙述をもとにしたような記述に終始している。そもそもこれほどの大事件でありながら、文学作品の『曽我物語』と、後世の編纂物《へんさんぶつ》である『吾妻鏡』にしか記事が残されていないということ自体、きわめて不審である。そこで、従来の研究では事件の真相があえて隠されたのではないかとみなされてきた。代表的な説が「北条時政黒幕説」*である。

事件の真相　時政は挙兵以前から舅として頼朝を支えてきたが、頼朝の生存中は、幕府の要職に就くことも、朝廷の官職の推挙を受けることもなく、意外なほど不遇であった。しかし、身内に厳しい頼朝の前では不満を押し隠さざるを得なかった。とはいえ、頼朝の死後、陰謀を重ねて北条氏発展の基礎を築いた老獪《ろうかい》な時政である。自身の手を汚さずに頼朝の命を奪う策、すなわち祐経を実父の敵とねらう曽我兄弟を導いて、祐経だけでなく祐経を重用する頼朝、兄弟の祖父祐親の敵でもあ

＊「**北条時政黒幕説**」　戦前の日本史学界の大家、三浦周行が唱えた説。頼朝の在世中、不遇であった時政が、祐経を実父の敵とつけねらう曽我兄弟を援助して、祐経だけでなく頼朝までも討たせようと画策したとする。

る頼朝まで討たせるという策に出たのではないかというのである。

確かに、時政は五郎時致の烏帽子親《えぼしおや》になっていた。烏帽子親とは、元服の際に髻《もとどり》を取り上げて烏帽子をかぶらせ、成人としての名前をつける重要な役である。元服後も烏帽子親は社会的後見役をつとめ、烏帽子子《えぼしご》は烏帽子親を社会的な親として敬う。弟の名が「時致」なのは烏帽子親である時政の「時」の字を賜ったからである。

しかも、敵討ちがあったのは時政が守護をつとめる駿河国の富士野であり、狩場の屋形も頼朝の命令で時政が設営している。若い兄弟が「祐経《すけつね》討ち」を成就できたのは、『曽我物語』や『吾妻鏡』には一言も書かれていないが、時政の手引きがあったからと考えざるを得ない。時政を黒幕とみなす根拠は十分にある。

ただし、当時の時政の実力や立場を考えると、「祐経討ち」の手引きはともかく、「頼朝《よりとも》討ち」という危険な賭けにまで出たかどうか疑問といわざるを得ない。むしろ、「祐経討ち」後の「十番切り」で多数の死傷者が出た上、一時は頼朝の身にも危険が迫ったという点に注目すべきであろう。実戦経験のない兄弟だけではこのような事態に発展するはずがないからである。何らかの理由によって武士団同士の武力衝突があったとみるのが自然である。

では、衝突の理由とは何か。これに関しては「クーデター説*」が挙げられる。新たな平時体制の構築を進める頼朝の方針に対し、不満・反発を募らせた大庭景義《おおばかげよし》・

＊「クーデター説」　歴史小説家の永井路子が唱えた説。曽我兄弟の敵討ちに便乗・連動して、範頼を擁立するクーデターが起きたが、頼朝・時政を討ちもらして失敗したとする。多数の死傷者が出たのは武力衝突があったからとみなす。

岡崎義実《おかざきよしざね》＊ら相模の武士団が、兄弟の「祐経討ち」をきっかけに「頼朝討ち」に走り、時政ら伊豆の武士団と衝突したとみる説である。

クーデター側が擁立しようとしたのは頼朝の実弟範頼《のりより》であった可能性が高い。というのは、敵討ち事件の余韻も冷めやらぬ八月に、範頼が謀叛の咎で誅殺されるからである。とはいえ、クーデターが周到な準備のもとに進められた形跡はなく、範頼も狩りに同行していなかった。武力衝突は、兄弟の「祐経討ち」による混乱に乗じた、クーデター側の「暴発」というべきレベルであったといえよう。

さらにまた、富士野の事件と連動するかのように常陸国《ひたちのくに》でも政変が起きた。これには常陸の有力御家人八田知家、そして頼朝・時政も関与していた可能性がある。とすれば、頼朝も不満分子の粛清を見せしめに、体制のさらなる引締めを目指していたとも考えられよう。いずれにせよ、富士野で起きた「曽我兄弟の敵討ち」事件は、親思いの若者による単なる敵討ちではなく、もっと複雑な構造を持った政治的な事件であったことは確かである。

実際、頼朝は建久四年（一一九三）の後半以降、次々と危険分子の粛清を断行していく。先に述べた弟範頼の誅殺だけでなく、景義・義実の鎌倉追放、常陸の大武士団大掾《だいじょう》氏の惣領《そうりょう》多《た》気《け》義幹《よしもと》とその弟下妻弘幹《しもつまひろもと》の誅殺、源氏一門の有力者安田義《よし》定《さだ》・義資《よしすけ》の誅殺などである。とくに、範頼・義定・義資は「鎌倉殿」に擁立される可能性のある源氏の有力者であり、頼朝の意図は明白である。しかし、より注目す

＊**岡崎義実**　一一一二〜一二〇〇年。三浦義継の四男。義明の弟。相模国大住郡岡崎が本拠。頼朝の挙兵に最初から参加。石橋山合戦で長男の真田（佐奈田）与一義忠を失うも、安房に渡り頼朝に合流した。九三（建久四）年八月、出家。

べきは彼らの本拠地である。範頼の場合は三河国《みかわのくに》、安田父子の場合は遠江国《とおとうみのくに》、いずれも東海道に位置している。いわば、鎌倉と都をつなぐ交通路の枢要《すうよう》の地なのである。そして、ここにこそ反対派を粛清して政権の引締めを行った頼朝が、晩年に思い描いた構想の一端が表れていると考えられる。

王権への視線

建久六年（一一九五）二月一四日、頼朝は御台所《みだいどころ》の政子、長女の大姫、長男の頼家を伴い、多数の御家人を従えて鎌倉を発った。源氏の有力者を葬って支配下におさめた東海道を通り、都に向かったのである。時に四九歳、苦難の流人時代、激動の内乱を経て史上初の武家政権「鎌倉幕府」を樹立した頼朝もようやく晩年を迎えていた。

挙兵以来、二度目となる今回の上洛は、再建成った東大寺大仏殿の落慶供養の儀に列席するためであった。南都《なんと》は、治承四年（一一八〇）の年末、平重衡《たいらのしげひら》の焼打ちを受け、聖武天皇が造立した大仏も焼失した。王の秩序「王法《おうほう》」と仏の秩序「仏《ぶっ》法《ぽう》」は互いに支え合うものと考えていた当時の人々は大きな衝撃を受け、王法までもが衰微しないよう、直ちに後白河が大仏再建に着手した。俊乗房重源《しゅんじょうぼうちょうげん》＊が大勧《だいかん》進職《じんしき》に任じられ、その要請を受けた頼朝は、多額の費用を捻出するとともに御家人に動員命令を出した。最終的に寄付した額は米一万石・砂金一千両・上絹一千疋に及んだという。その甲斐あって文治元年（一一八五）には大仏の開眼、そしてこの建久六年には大仏殿の再建にこぎつけることができたのである。

＊ **俊乗房重源**　一一二一～一二〇六年。父は紀季重（もしくは季良）。醍醐寺で密教を学び、六七（仁安二）年、入宋した。東大寺再建の大勧進職となり、運慶・快慶や宋人の技術者陳和卿らを起用。頼朝にも協力を要請した。

＊ **大勧進職**　大規模な造寺・造仏のため、広く浄財の寄付を募り、勧進所を指揮し、造営料所を経営する権限を認められた役職、およびその人。

三月一二日、南都で大仏殿の落慶供養の儀が盛大に挙行され、衆徒《しゅと》や貴族らがみまもる中、頼朝も儀式の場に臨んだ。折悪しく激しい雨が降ってきたが、寺の内外や辻々には武士たちが立ち並び、顔色一つ変えることなく警護を続け、その姿に人々は圧倒された。こうして頼朝は、東大寺の大仏という巨大なモニュメントの再建事業を通じて、自身が仏法、さらには王法をも支える存在であることを世の人々に強く印象づけたのであった。

南都から都に戻った頼朝は、これまで連携を取ってきた兼実ではなく、後鳥羽天皇*を後見する源通親《みなもとのみちちか》や丹後局《たんごのつぼね》に政子や大姫を引き合わせ、親交を深めることに努めた。そこには大姫を後鳥羽のもとに入内《じゅだい》させたいという思惑が働いていたと考えられる。もし、大姫が後鳥羽の后《きさき》となって皇子を産めば、天皇の外戚の地位を手に入れることも不可能ではない。さらには、皇子を関東に下向させて将軍に推戴《すいたい》し、自身や嫡子頼家が守護するという体制を築くことも夢ではない。「王家」という唯一絶対の貴種《きしゅ》を幕府の頂点に迎え入れ、武家政権たる幕府を「東国の王権」として存続・発展させるという構想である。

残念ながら、『吾妻鏡』の記事が建久六年で終わっており、こうした構想を具体的に説明した史料はない。とはいえ、『吾妻鏡』の建久六年の九月二九日条には注目すべき記述がみえる。頼朝が「鷹狩《たかがり》を停止《ちょうじ》すべきの旨、諸国の御家人に仰せらる。厳制に違犯《いぼん》するの輩《ともがら》においては、その科《とが》あるべし」という命令、つまり、諸国の

---

* **後鳥羽天皇（院）**　一一八〇～一二三九年。在位一一八三～九八年。高倉天皇の第四皇子。名は尊成。母は藤原（坊門）信隆の娘七条院殖子。平家が都落ちした後、三種の神器がないまま践祚。祖父後白河院の没後に親政。九八（建久九）年、譲位して院政を開始。諸芸に秀で、政治・文化の統合を推し進めて諸勢力の上に君臨。協調関係にあった実朝が暗殺されると、幕府と対立。一二二一（承久三）年、承久の乱を起こして敗れ、隠岐島に配流。配所で没した。

御家人に対して鷹狩を禁止するよう厳命を下したという記事である。鷹狩の禁制は殺生禁断令の一環で、本来、王すなわち天皇（もしくは「治天《ちてん》の君《きみ》」たる院）が下す命令である。事実、これ以前に頼朝が鷹狩禁断令を下した形跡はない。にもかかわらず、鷹狩の禁制に踏み切ったということは、二度目の上洛を終えて鎌倉に戻った建久六年のこの時期、頼朝が「王権」を強く意識し始めていたことを示唆していよう。晩年の頼朝の構想を読み解くひとつの鍵である。

突然訪れた最期

ところが、こうした構想のもと、大姫の入内を目指していた頼朝は失敗を犯す。頼朝の狙いをみぬいた通親・丹後局が、政敵である兼実を失脚に追い込んだ、いわゆる「建久七年の政変」で、兼実に救いの手をさしのべなかったのである。これにより頼朝は朝廷政治への足がかりを失った。頼朝としては、兼実を切り捨てでも、後鳥羽を後見する通親や丹後局の歓心を買い、大姫入内の支持を取り付けたかったのであろう。

しかし、朝廷政治の裏も表も知り尽くした通親や丹後局の方が頼朝より一枚上手であった。のらりくらりと入内話をかわし、いっこうに進めようとしなかったのである。そうした中、頼みの大姫も病床に臥し、建久八年七月、その悲しくも短い生涯を閉じたのであった。大姫には三幡《さんまん》という妹がいたため、諦めきれない頼朝はなおも娘の入内を画策したようであるが、通親らが取り合うはずもなかった。さらに建久九年、後鳥羽は為仁親王《ためひとしんのう》に譲位した。土御門《つちみかど》天皇＊である。土御門の母は通親の

＊ **土御門天皇** 一一九五～一二三一年。在位一一九八～一二一〇年。後鳥羽天皇の第一皇子。名は為仁。母は源通親の養女承明門院在子。承久の乱には関与しなかったが、自ら土佐に下向し、後に阿波に移って同国で没した。

養女、承明門院《しょうめいもんいん》源在子である。これにより通親は外戚の地位を手に入れ、頼朝の構想は完全に挫折するに至った。

建久一〇年（四月に正治元年と改元、一一九九）正月、頼朝は相模川の橋の落成を祝う儀式に出席した帰路、どうしたわけか馬から落ちて意識を失う。御所に戻ってからも容体は回復せず、正月一三日、ついに帰らぬ人となった。享年五三歳。源義朝の嫡子として都で生まれ育ち、平治の乱、苦難の流人時代、石橋山合戦など数々の危機を乗り越え、史上初の武家政権である鎌倉幕府を樹立した稀代の武人政治家に、突然、訪れた最期であった。

跡を継ぐ者たち

頼朝の急死を受けて、新たな鎌倉殿となったのは嫡子の頼家であった。しかし、父親の後見もなく、死後の体制に対する頼朝の指示も残されなかったことは、一八歳という若い頼家にとって悲運であった。幕府を草創してきた宿老《しゅくろう》の御家人たちを相手にするには、頼家はあまりにも経験が乏しかった。

悲運はそれだけではなかった。もうひとりの後継候補、千幡（後の実朝）がいたことである。しかも、頼朝が頼家の後見に比企《ひき》氏、実朝の後見に北条氏をつけていたことが問題をより複雑にした。建仁三年（一二〇三）九月、比企氏・北条氏、および両派の武士たちの間に武力抗争が勃発し、比企氏が滅ぼされてしまう。「比企の乱」である。頼家も将軍職を追われ、元久元年（一二〇四）七月、幽閉されていた伊豆の修禅寺《しゅぜんじ》で殺害された。

比企の乱の直後、北条氏に擁立されて三代目の鎌倉殿、征夷大将軍の地位についたのは、頼朝の「鍾愛の嬰児」千幡すなわち実朝であった。朝廷の最高実力者、後鳥羽院から「実朝」の名を与えられた三代将軍は、後鳥羽が極めた和歌や蹴鞠《けまり》の道に熱を入れるとともに、将軍親裁《しんさい》にも積極的に力を注ぎ、幕府政治および朝幕関係の安定期を現出した。

これまで一般には、実朝は和歌や蹴鞠といった公家文化に耽溺《たんでき》し、幕府政治に背を向けて幕府内で孤立していたとみなされてきたが、これは実態にそぐわない誤った見方である。和歌や蹴鞠は、幕府と朝廷との関係を安定させる上で、幕府の首長として必須の教養だったからである。頼朝も和歌の名手であり、二代将軍の頼家も蹴鞠の名足《みょうそく》であった。実朝はその血を引いていたのである。また、将軍としても御家人たちの上に君臨するに足る力量と意欲を持っていた。幼い頃はともかく、長じてからは、執権の地位にある北条義時ですら将軍実朝の存在を重んじ、その命令に従ったのである。

また、実子のなかった実朝は、建保六年（一二一八）、次期将軍の候補として後鳥羽の皇子の関東下向を朝廷に申請した。僧籍に入っている者が多かったとはいえ、頼朝の血を引く後継候補がいなかったわけではない。しかし、実朝はあえて良好な関係にある後鳥羽の皇子、すなわち唯一最高の貴種である王家の血統を幕府に迎え入れるという選択をしたのである。頼朝晩年の構想を受け継いだものといえよう。

＊北条時房　一一七五～一二四〇年。父は時政。政子・義時の弟。武芸だけでなく文化的素養も持ち合わせ、義時や政子、甥の泰時を補佐。承久の乱後、六波羅探題南方を務め、義時死後は鎌倉に戻って初代連署となった。

しかも、頼朝の場合、自身の娘が産んだ皇子を将軍に迎えるという構想であり、源氏の血統をも残す余地があったのに対し、実朝は純粋に王家の血統を望んでいたといえよう。

さらにまた、注目すべきは、実朝の方針に北条政子も義時も大江広元も、つまり幕府の首脳部がこぞって賛成し、使者の派遣などの実務を遂行している点である。頼朝の死後、二〇年を経て、幕府は本格的に「東国の王権」構想の実現へと動き始めたと考えられる。

後鳥羽もこの動きを歓迎した。上洛した政子に対し従二位《じゅにい》という高い位階を与え、政子に同行した義時の弟時房*に対しても、後鳥羽の鞠会に出席することを許し、感激させている。そして、実朝には関東に下向する皇子を後見するにふさわしい官位を相次いで授与し、右大臣という破格の地位にまで昇進させたのである。しかし、その右大臣任官の拝賀の儀式が鶴岡八幡宮で執り行われた建保七年（一二一九）一月二七日、実朝は頼家の遺児で、鶴岡八幡宮の別当になっていた公暁《くぎょう》*の凶刃によって命を落としてしまう。二八歳という若さであった。

実朝の横死《おうし》により事態は急変した。信頼を寄せる実朝を失った後鳥羽は皇子の関東下向を取りやめ、幕府は頼朝の妹婿一条能保《いちじょうよしやす》の孫にあたる摂関家《せっかんけ》の九条道家《くじょうみちいえ》*の子、三寅《みとら》（後の四代将軍頼経《よりつね》*）を鎌倉に迎えた。頼朝晩年の構想は再び頓挫したのである。その後、朝幕関係は悪化の一途をたどり、承久の乱へと発展する。幕府に王

＊**公暁**　一二〇〇～一二一九年。頼家の子。〇六（建永元）年、実朝の猶子。一一（建暦元）年に出家し、園城寺で修行。一七（建保五）年に鶴岡八幡宮別当。一九（建保七）年、右大臣拝賀の場で実朝を暗殺、自身も討たれた。

＊**九条道家**　一一九三～一二五二年。鎌倉初期の公卿。九条兼実の孫。良経の子。母は頼朝の姪にあたる一条能保の娘。摂政・関白として承久の乱前後の朝廷政治を主導した。日記に『玉蘂』がある。

＊**九条頼経**　一二一八～五六年。鎌倉幕府四代将軍。在職一二二六～四四年。父は九条道家。母は西園寺公経の娘。幼名三寅。実朝暗殺後、将軍予定者として鎌倉に下向。成人後、勢力を拡大したため、北条氏により京都に送還された。

家の血統が迎えられるのは、一三世紀も半ばに至って、六代将軍宗尊親王《むねたかしんのう》*の時である。すでに執権北条氏が権力を掌握しており、頼朝が思い描いた構想とは異なるが、かくして幕府はまがりなりにも「東国の王権」としての形を整えたといえる。

* 宗尊親王　一二四二〜七四年。鎌倉幕府六代将軍。在職一二五二〜六六年。父は後嵯峨天皇。母は平棟子。王家の血統で初めて幕府の将軍に就任。この後、幕府滅亡まで親王が将軍の地位につくことになった。

コラム

源頼朝の風貌

頼朝はどのような風貌をしていたのであろうか。頼朝の肖像画といえば、京都の神護寺《じんごじ》が所蔵する国宝「伝《でん》　源《みなもとのよりともぞう》　頼朝像」を思い浮かべる人が多いであろう。かつては、切れ長の鋭い目で端然と坐すこの人物こそ、鎌倉幕府を創設した頼朝その人に違いないと考えられていた。それほどこの肖像画は、見る者にその人物の内面や歴史までも訴えかけてくる迫力に満ちた傑作なのである。しかし、像主《ぞうしゅ》は本当に頼朝なのかということになると、研究の進展により疑わしい点が少なくないことがわかってきた。そこで、現在は「伝…」つまり「…と伝えられている」という表現を用いるようになっている。

源頼朝木像　甲府市善光寺蔵

「伝 源頼朝像」は、「伝《でん》 平《たいらの》重盛像《しげもりぞう》」「伝《でん》 藤原《ふじわらの》光能像《みつよしぞう》」とともに神護寺に伝来した。この三像は、いずれも縦が約一四三センチ、横が約一一三センチという大きな一枚の広絹《ひろぎぬ》に描かれている。また、服装から三人がともに四位以上の公卿で、毛抜型《けぬきがた》の太刀《たち》から武官であったことがわかる。つまり、三像はワンセットなのである。ただ、「伝 平重盛像」には折りたたんだような折筋《おりすじ》があり、「伝 藤原光能像」の口元には修正の跡がある。

むろん、この三像が頼朝・重盛・光能の肖像画とみなされるようになったのには理由がある。南北朝初期に作られた『神護寺略記《じんごじりゃっき》』に、平安末・鎌倉初期の似絵《にせえ》の名手、藤原《ふじわらの》隆信《たかのぶ》の筆になる後白河院・重盛・頼朝・光能・平 業房《たいらのなりふさ》など五人の絵が、神護寺の仙洞院に安置されていたという記事がみえるからである。また、大英博物館所蔵の「征夷大将軍源頼朝」という賛《さん》のある肖像画が、鎌倉末期から南北朝期にかけて、神護寺の「伝 源頼朝像」を模写した絵なのではないか、とみなされてきたことも重要な論拠であった。

しかし、近年、神護寺の三像は似絵ではない、後白河院像も業房像も現存しない、中年で公卿になったはずの光能の容貌が若すぎる、さらには大英博物館所蔵の頼朝像の賛に、江戸期以降に使用されるようになった「平族」という語がみえ、制作時期を江戸中期以降に繰り下げるべきではないか、といった問題点が指摘されるようになった。

そうした中、美術史家の米倉迪夫《みちお》が、京都御所東山御文庫所蔵の康永四年（一三四五）四月二三日付け「足利直義願文《あしかがただよしがんもん》」に着目して新説を提示し、それを受けて中世史家の黒田日出男が論証を進めた。そして、「伝 源頼朝像」にみえる冠の垂纓《すいえい》が一般化してくるのは一四世紀であること、直線的で長い笄《こうがい》＝簪《かんざし》は一四・五世紀にならなければ画像表現されないこと、毛抜型太刀として描かれる前に、桐文《きりもん》のような俵鋲《たわらびょう》の飾《かざ》り太刀が描かれていたことが、補修の過程で確認されたこと、桐は足利氏の紋であること、京都等持院所蔵の「足利義詮像《あしかがよしあきらぞう》」に「伝 藤原光能像」が酷似していることを明らかにし、南北朝内乱の政治状況を勘案すると、「伝 源頼朝像」の像主は足利直義《あしかがただよし》、「伝 平重盛像」は足利尊氏《たかうじ》、「伝 藤原光能像」は足利義詮《よしあきら》とみなすのが適切であるとの結論に達した。

しかも、神護寺に奉納された時期も内乱の推移から判明するという。すなわち、観応元年（一三五〇）の観応の擾乱《じょうらん》によって尊氏・直義の二頭政治が崩れ、軍事的勝利をおさめた直義が、翌二年、尊氏の子の義詮と新たな二頭政治を始めるにあたり、その成功を祈願して制作・奉納したのが神護寺三像だというのである。確かに、折りたたんだような折筋がある「伝 平重盛像」の像主が尊氏であれば、尊氏・直義の二頭政治の終焉により用済みになったため、いったん折りたたまれたと考えることができる。また、「伝 藤原光能像」の口元の修正も、東国で活動していた義詮の面貌の情報が、十分に京都の絵師に伝わっていなかったため、本人をみて修正を加えた痕跡、と考えればつじつまが合う。以上のことから、神護寺所蔵の「伝 源頼朝像」は、足利直義の肖像画である可能性がきわめて高いということになる。

では、頼朝の風貌はわからないのであろうか。黒田は甲斐の善光寺が所蔵する木像の「源頼朝像」こそ、頼朝その人を描いた作品であると主張する。黒田は、長期にわたって、像内のいわゆる胎内銘《たいないめい》の読解に取り組み、そこに頼朝が死去した「正治元年（一一九九）正月十三日」「尼二位」「首廻」「文保三年（一三一九）」などの墨書があることを読み取った。そして、綿密な考証の結果、この木像が「尼二位」北条政子の指示で頼家像・実朝像とともに制作され、政子の帰依する信濃の善光寺に奉納されたこと、その後の火災で焼失したが、首の部分が取り出されて文保三年に修繕されたこと、戦国時代に武田信玄が甲斐善光寺を建立し、信濃善光寺の諸像をそこに移したため、頼朝像も甲斐善光寺に伝来するに至ったこと、などの諸点を明らかにした。

その風貌は、高く大きな鷲鼻、意志の強さを感じさせるぎゅっと結んだ口、玉眼が抜け落ちているにもかかわらず、威厳にみちた両眼を持つ年配者のものであり、全体としては「いかつい武人政治家」といった印象である。これよりはかなり柔和であるが、実朝像も似たような風貌であり、両像が父子を描いたものであることは明瞭である。そうした点からも、甲斐善光寺が所蔵する木像の「源頼朝像」こそ、真に頼朝の風貌を伝える作品と考えることができる。

人物相関図

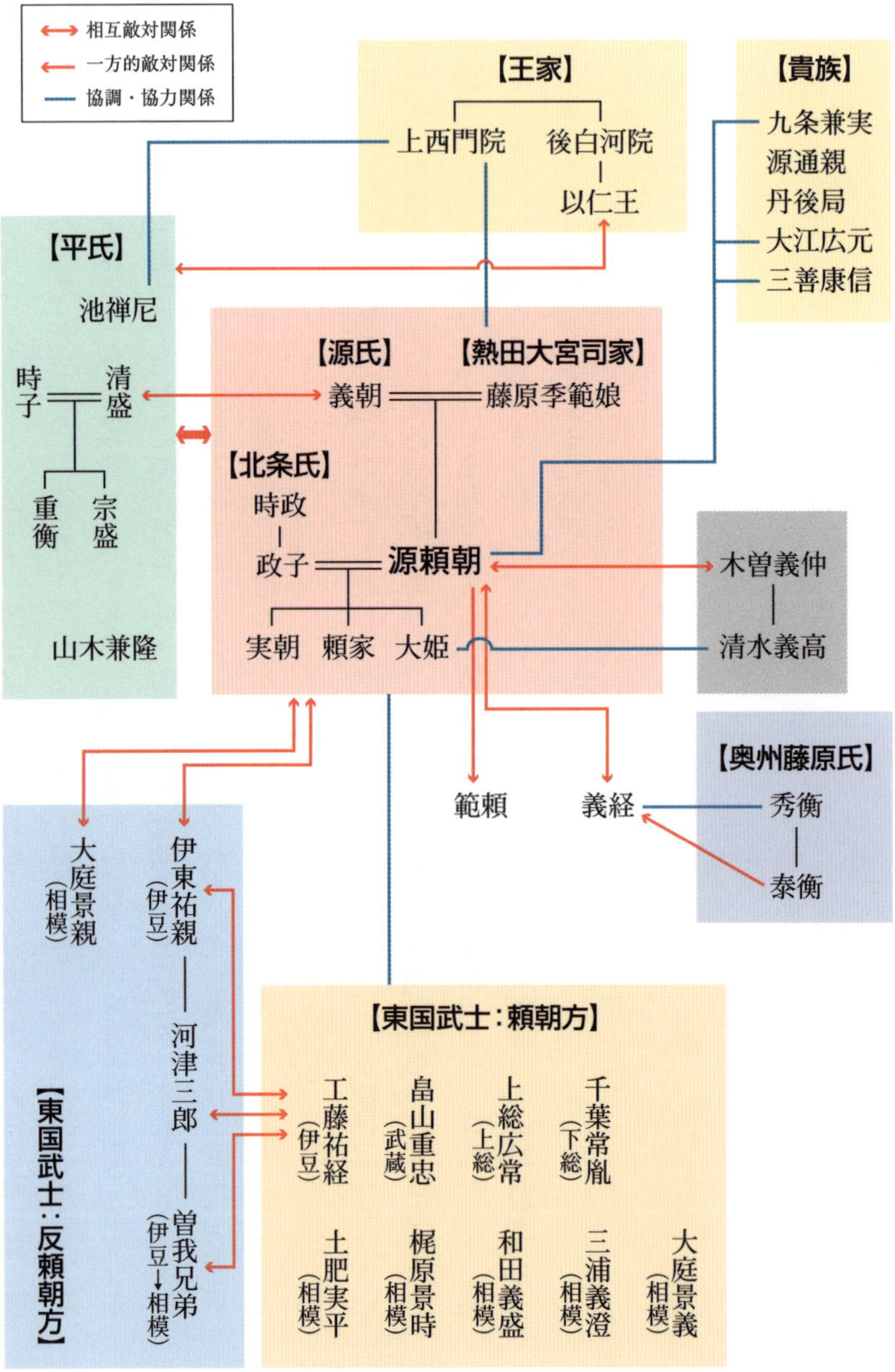

相互敵対関係
一方的敵対関係
協調・協力関係
【王家】
上西門院
後白河院
以仁王
【貴族】
九条兼実
源通親
丹後局
大江広元
三善康信
【平氏】
池禅尼
時子
清盛
重衡
宗盛
山木兼隆
【源氏】
義朝
【熱田大宮司家】
藤原季範娘
【北条氏】
時政
政子
源頼朝
実朝
頼家
大姫
木曽義仲
清水義高
【奥州藤原氏】
秀衡
泰衡
範頼
義経
大庭景親（相模）
伊東祐親（伊豆）
河津三郎
曽我兄弟（伊豆→相模）
【東国武士：反頼朝方】
【東国武士：頼朝方】
工藤祐経（伊豆）
畠山重忠（武蔵）
上総広常（上総）
千葉常胤（下総）
土肥実平（相模）
梶原景時（相模）
和田義盛（相模）
三浦義澄（相模）
大庭景義（相模）

人物相関

■源氏・頼朝の親族

源義朝（一一二三〜六〇）

源為義の長男。清和源氏嫡流の地位を手に入れ、五九（平治元）年、後白河院の近臣藤原信頼と組んで平治の乱を起こしたが、平清盛に敗れた。敗走中、家人の長田忠致に殺された。

源義経（一一五九〜八九）

父は義朝。母は常盤。頼朝の異母弟。幼名は牛若。平治の乱後、鞍馬寺に入れられたが、奥州藤原氏の秀衡を頼り、頼朝が挙兵すると参向。平氏追討戦で活躍したが、頼朝と対立。平泉で泰衡に殺された。

源範頼（?〜一一九三?）

父は義朝。母は遠江国池田宿の遊女。幼少期は藤原範季に養育され、頼朝挙兵後に参向。平氏追討軍を率いて転戦した。九三（建久四）年、曽我兄弟の敵討ち後、謀叛の疑いで誅殺されたらしい。

大姫（?〜一一九七）

頼朝の長女。母は政子。幼い頃、義仲嫡子の義高の許嫁となったが、義高が誅殺され傷心の余り病床に臥した。後鳥羽天皇への入内が画策されたが、二〇歳になるかならないかという若さで病死した。

源頼家（一一八二〜一二〇四）

頼朝の長男。母は政子。頼朝急死後に家督を継ぎ、一二〇二（建仁二）年、二代目の将軍となった。宿老たちに実権を奪われ、蹴鞠に没頭。比企の乱で将軍職を追われ、伊豆修禅寺で殺害された。

北条時政（一一三八〜一二一五）

鎌倉幕府の初代執権。父は時方。伊豆国田方郡北条の豪族で、頼朝を娘婿に迎え、挙兵に協力。八五（文治元）年、頼朝の名代として上洛し、守護・地頭設置交渉を成功させた。頼朝死後、二代・三代将軍の頼家・実朝を補佐して権力を握ったが、一二〇五（元久五）年に失脚、伊豆に隠遁した。

北条政子（一一五七〜一二二五）

源頼朝の正妻。父は時政。頼朝と結婚し、大姫・頼家・実朝らを産んだ。頼朝の死後、時政・義時とともに幕政を主導し、実朝暗殺後は幼少の頼経のかわりに尼将軍として幕府を支えた。

源義仲（一一五四〜八四）
父は義賢。頼朝のいとこ。通称は木曽冠者。八〇（治承四）年九月に信濃で挙兵し、八三（寿永二）年に入洛したが、頼朝と対立。翌年、範頼・義経軍に敗れ、近江の粟津で戦死した。

源義高（**清水義高**）（一一七二〜一一八四）
源義仲の嫡子。母は義仲四天王のひとり今井兼平の娘。清水（志水）冠者と呼ばれた。義仲が鎌倉に差し出した人質。頼朝長女の大姫の婿となることを約束されたが、義仲滅亡後、殺害された。

■王家

後白河天皇（**院**）（一一二七〜九二）
在位一一五五〜五八年。鳥羽天皇の第四皇子。名は雅仁。母は待賢門院璋子で、崇徳は同母兄。近衛天皇の死去により、保元の乱の前年に中継ぎの天皇として即位したが、二条・六条・高倉・安徳・後鳥羽天皇の五代にわたって院政を主催。平氏政権・鎌倉幕府の成立という激動の時代に、朝廷の最高権力者として君臨した。今様を好み、『梁塵秘抄』を編纂。『年中行事絵巻』など多数の絵巻物の作成を命じた。

上西門院統子（一一二六〜八九）
鳥羽天皇の第二皇女。名は恂子、後に統子。母は待賢門院璋子で、後白河は同母弟。五八（保元三）年、後白河天皇の准母として皇后になり、翌年、上西門院の女院号宣下を受けた。

以仁王（一一五一〜八〇）
後白河天皇の第二（もしくは第三）皇子。親王宣下を受けられないなど不遇であった。安徳天皇の即位で皇位継承の望みが消え、クーデターを計画するも露顕。宇治川の合戦で戦死した。事前に発令した令旨によって源頼朝らに挙兵を促した。

■貴族

九条兼実（一一四九～一二〇七）
平安末期・鎌倉初期の公卿。藤原忠通の三男。九条家の祖。平氏滅亡後、摂政・氏長者となり、頼朝と連携し卿て政治改革を推進したが、九六（建久七）年に失脚。日記『玉葉』は重要史料。

源通親（一一四九～一二〇二）
平安末期・鎌倉初期の公卿。父は雅通。後鳥羽の乳母藤原範子を妻とするとともに、後白河の寵姫丹後局と結んで勢力を伸張。九条兼実を失脚させ、後鳥羽にも影響力を発揮した。

■平氏

平清盛（一一一八～一一八一）
平忠盛の嫡子。白河院の落胤とする説もある。桓武平氏の一流、伊勢平氏の嫡流。保元の乱・平治の乱に勝利し、六七（仁安二）年、太政大臣に昇進。一門も高位高官に昇り、平氏政権を築いた。また、日宋貿易に着目して摂津国の大輪田泊を修築した。しかし、協調関係にあった後白河院と対立。高倉天皇に入内した娘徳子が産んだ安徳天皇を擁立したが、反平氏の挙兵が相次ぐなか病死した。

池禅尼（生没年不詳）
藤原宗兼の娘。名は宗子。平忠盛の後妻で、家盛・頼盛を産んだ。清盛の継母にあたる。忠盛の後家として力を持った。忠盛の死後、出家して京都六波羅の池殿に住んだことから池禅尼と呼ばれた。

平時子（一一二六～八五）
時信の子。清盛の妻で、宗盛・知盛・重衡、高倉天皇の中宮建礼門院徳子を産んだ。八一（養和元）年、従二位に叙され、二位尼と呼ばれた。壇ノ浦で安徳天皇を抱いて入水した。

平時忠（一一二七?～八九年）
平安末期の公卿。時信の子。清盛妻の時子、後白河の女御建春門院滋子の兄弟。智謀にすぐれ権大納言に昇った。壇ノ浦で捕えられた後、義経を婿に迎えたが、能登国に配流され、配所で没した。

平宗盛（一一四七〜八五）

清盛の三男。母は時子。異母兄の重盛の死後、清盛の跡を継ぎ、清盛死後は一門の総帥となった。壇ノ浦で捕えられ、鎌倉に護送された後、帰洛の途中で処刑された。

平重衡（一一五七〜八五）

清盛の五男。母は時子。平氏軍の主力として活躍したが、八〇（治承四）年末、南都を焼打ちした。一ノ谷で捕虜となって鎌倉へ護送され、南都へ送られる途中で処刑された。

II

幕府の創設と都市鎌倉

鶴岡八幡宮（遠景）

一　鎌倉幕府の組織と制度

鎌倉殿・大倉御所・侍所

鎌倉幕府は、治承・寿永の内乱を通じて、戦時の体制をそのまま平時の体制として定着させることを朝廷に認めさせ、徐々に武家政権として成長を遂げた。そして、奥州合戦後に全国的な平和が訪れると、この平時の体制を、より安定した持続的なものへと発展させることによって武家政権としての形を整えたと考えられる。本章では、こうした鎌倉幕府の創設と都市鎌倉の建設の過程や様相についてみていきたい。

まず重要なのは、幕府が「鎌倉殿《かまくらどの》」を主人と仰ぐ「御家人《ごけにん》」たちの組織であるという点である。「鎌倉殿」とは「鎌倉」の「主《あるじ》」の意味である。頼朝は治承四年（一一八〇）八月の「山木攻め」の勝利、「石橋山合戦」の大敗、安房《あわ》での奇跡的な再起を経て、一〇月六日、「鎌倉入り」を果たした。これは鎌倉が源家《げんけ》ゆかりの地であるだけでなく、南方が海、他の三方が山に囲まれた要害の地であり、軍事拠点とするのに最適とみなしたからである。

しかし、「富士川合戦」後、頼朝が有力武将たちの進言を容れて鎌倉に帰還したことは、より重大な意味を持つ。それは、ここでの上洛が無謀な賭けだったからというだけではない。鎌倉を単なる一時的な軍事拠点とするのではなく、政治や文化の拠点、すなわち武家の都として建設し、「鎌倉殿」として君臨する生き方を頼朝自身が選択したといえるからである。

その後、佐竹氏を攻略した頼朝は、「侍所《さむらいどころ》」の長官いわゆる「別当《べっとう》」に、挙兵が成功する上で多大な貢献をした三浦一族の和田義盛《わだよしもり》を任じた。もっとも、頼朝の御所すら完成していないこの段階では、貴人に仕えて宿直警衛にあたる武士の詰め所「侍所」も、まだ造られてはいない。ましてや、政務機関としての「侍所」があったわけでもない。

大倉幕府跡碑

とはいえ、鎌倉を武家の都と定めた頼朝は、着々と都市の建設や組織の整備を進めていった。まず頼朝は、大倉郷《おおくら》（現在の鎌倉市二階堂・西御門・雪ノ下三丁目一帯）に新たな御所を造営するよう大庭景義《おおばかげよし》に命じた。一〇月に着工した御所が完成したのは一二月であった。これが「大倉御所《おおくらごしょ》」である。

一二月一二日、前章でも述べたように、頼

朝が新造御所の寝殿に移る儀式「移徙《いし》の儀」があり、次いで、寝殿の西に新造された「十八間」という広さを持つ「侍所」に御家人たちが参集した。そして、頼朝の御前で別当義盛が各自の名前を記す「着到《ちゃうとう》の儀」を行い、鎌倉殿と御家人たちが主従の関係で結ばれたことを内外に公的に表明したのであった。

以後、大倉御所の周囲には幕府の政庁が次々と建設されていった。そこで、嘉禄元年（一二二五）、将軍御所・政庁が宇都宮辻子《うつのみやずし》に移転するまでの鎌倉幕府を「大倉《おおくら》幕府《ばくふ》」と呼び、嘉禄以後の「宇都宮幕府《うつのみやばくふ》」と区別することもある。

また、御家人たちが参集し、互いに連帯を確認したり、宿直警衛の任にあたったりする場である侍所も、幕府の主要な政務機関として整備されていった。その職掌は非違《ひい》の検断《けんだん》、すなわち違法行為を取り締まる警察活動、罪人の処罰、そして幕府の宿直警衛などであった。さらに、戦時には長官の別当、次官の所司《しょし》が戦奉行《いくさぶぎょう》を務め、御家人たちを統率した。ちなみに、頼朝期の別当は和田義盛、所司は梶原景時《かじわらかげとき》であった。

政所・問注所　鎌倉幕府の主要な政務機関には、侍所のほか「政所《まんどころ》」と「問《もん》注所《じゅうしょ》《もんちゅうじょ》」があった。まず政所について述べたい。政所は、本来、高位高官の上流貴族の家に置かれた事務をつかさどる家政機関、荘園や官衙・寺社などに置かれた事務機関のことであった。治承・寿永の乱を戦い抜く中で、頼朝は東国で獲得した所領や、没収した平氏の支配地「平氏没官領《へいしもっかんりょう》」を、鎌倉殿の直轄領「関東御領《かんとうごりょう》」*と

＊関東御領　鎌倉殿（将軍）が支配する鎌倉幕府直轄の荘園。内乱の過程で支配を確立した東国の所領、平氏方から没収した所領、承久の乱で京方となった貴族から没収した所領など。幕府の重要な財源となった。

して朝廷に認めさせた。さらに、源氏一門を受領《ずりょう》に推挙し、自身が知行国主《ちぎょうこくしゅ》となる鎌倉殿の知行国《ちぎょうこく》「関東御分国《かんとうごぶんこく》」*も増やしていった。幕府の政所は、当初、こうした関東御領・関東御分国の経営にあたる事務機関であった。ただ、その後、より広範な業務を行う幕府の公的な、そして最も重要な政務機関として発展していった。

ところで、『吾妻鏡』の元暦元年(一一八四)八月二八日条には「新造の公文所《くもんじょ》、門を立てらる」、一〇月六日条には「新造の公文所の吉書始《きっしょはじめ》なり。安芸介中原広元、別当として着座す。斎院次官中原親能・主計允《かずえのじょう》藤原行政・足立右馬允《うまのじょう》藤内遠元・甲斐四郎大中臣《おおなかとみ》秋家・藤判官代《とうのほうがんだい》邦通等、寄人《よりゅうど》として参上す」という記事がある。これは公文所の新造に伴い、吉書始の儀が行われたことを記したものである。これによれば、元暦元年の一〇月六日、幕府の文書行政をつかさどる機関として初めて公文所が設置され、機能し始めたかにみえる。しかし、この史料に関しては、すでに存在していた政所の中に、新たに公文所の建物が造られたと解釈すべきであるとの指摘がある。確かに、頼朝はこれ以前にも自身の花押《かおう》を記した文書をたびたび発給しており、この時点まで文書行政をつかさどる機関がなかったとは考えがたい。むしろ元暦元年の時期に、「公文所」という名で、文書を作成・発給する機関を整備したとみるべきであろう。そして、頼朝が従二位《じゅにい》という高位に叙せられた文治元年(一一八五)以降、正式に「政所」と呼ばれるようになったと考える。

政所には、長官である別当のほか、令《れい》・知家事《ちけじ》・案主《あんじゅ》という職員がいた。前掲の

---

* 関東御分国　鎌倉殿(将軍)に与えられた知行国。関東知行国とも。一一八四(元暦元)年、三河・駿河・武蔵の三ケ国が頼朝に与えられた。一時、九ケ国に増えたが、九一(建久二)年以降、相模・武蔵・駿河・伊豆の四ケ国となった。

一〇月六日条によれば、京下りの有能な吏僚《りりょう》である中原（大江）広元が別当として着座し、寄人《よりゅうど》として中原親能《ちかよし》・二階堂行政《ゆきまさ》・足立遠元《とおもと》・大中臣秋家《あきいえ》・藤原邦通《くにみち》らが参上したという。この後、政所の職員として活躍していく人々である。なお、別当は一名ではなかった。時期によって人数に変動があるが、おおむね二名から九名の間で推移した。

一方、問注所は、頼朝の訴訟親裁《しんさい》を補助する機関として、公文所吉書始のすぐ後、元暦元年一〇月二〇日に設置された。『吾妻鏡』の同日条には「諸人《しょにん》の訴論《そろん》対決の事、俊兼《としかね》・盛時《もりとき》等を相具《あいぐ》し、かつうはこれを召し決し、かつうはその詞を注さしめ、申し沙汰すべきの由、大夫属《たゆうのさかん》入道善信《にゅうどうぜんしん》に仰せらると云々。よって御亭の東面の廂《ひさし》二ヶ間を点じ、その所となし、問注所と号し、額《がく》を打つと云々」とある。問注所は、大倉御所の一画に口頭弁論の場として設けられた機関であった。その後、正治元年（一一九九）に他所に移転した。

長官は執事《しつじ》と呼ばれ、先の記事にもあったように、初代執事には京下りの吏僚である三善康信《みよしやすのぶ》（法名《ほうみょう》、善信）が任じられ、藤原俊兼と平盛時が補佐した。職務は原告である訴人《そにん》、被告である論人《ろんにん》を召喚して口頭弁論を行わせ、独自の判断は加えずに当事者の発言をそのまま記録し、頼朝が判決を下すための資料として提出することであった。判決はあくまでも鎌倉殿たる頼朝が下すものであり、問注所は判決機関ではなかったのである。しかし、三代将軍実朝期には「問注所勘状《もんじゅうしょかんじょう》」と呼ばれる判決草案が作成されるまでに発展した。

訴訟には政所も関与した。ただ、政所と問注所との間には管轄の違いがあった。御家人の訴訟については一律に問注所が取り扱ったが、非御家人や庶民の訴訟の場合は、当事者の居住地が鎌倉中ならば政所の管轄、鎌倉以外ならば問注所の管轄であった。

そのほか東国諸国に行政上の命令を伝える場合も、政所と問注所が交代で、もしくは内容や地域の違いにより、分担して文書を作成し通達した。このように政所と問注所は、幕府の行政・司法の事務をつかさどる最も重要な政務機関であった。

守護・地頭　鎌倉に置かれた政務機関が侍所・政所・問注所であったのに対し、地方に置かれたのが守護・地頭である。まず、地頭からみてみたい。地頭はおおむね荘園・公領に置かれ、土地の管理、徴税、年貢の徴収と納入、警察活動を主な職務とした。ただし、地頭には多種多様な形態があった。たとえば、「荘郷地頭《しょうごうじとう》」と呼ばれ、荘園・公領に置かれる地頭があった一方、一国単位に置かれる「国地頭《くにじとう》」も存在したのではないかと考えられている。さらにまた、地域的な偏差が大きかったことも特徴として指摘できる。

ところで、文治元年（一一八五）一一月、頼朝追討の宣旨《せんじ》を出した後白河院に圧力を加えるため、北条時政が頼朝の名代《みょうだい》として大軍を率いて上洛し、逃亡した義経を捜索するという名目で、全国に守護・地頭を設置する勅許《ちょっきょ》を得たことは前章で述べた。かつてはこのいわゆる「文治勅許」により、幕府の地方組織である守護・地頭が全国的に成立したと説明されることもあった。しかし、地頭は東国を中心に文治以前から置かれ、地域的偏差も大きかったことが明らかとなり、現在は「文治勅許」の歴史的意義にも再検討が加えられつつある。

　では、文治以前の段階ではどうであったのか。頼朝は東国を支配下に入れていく過程で、戦闘に勝利した地域の敵方の所領を没収し、勲功《くんこう》のあった武士たちに恩賞として給与するという行為を続けた。その際に武士たちは「地頭」として所領の給与を受けたのであるが、これは内乱が進展する中で朝廷によって追認されることになった。以後も、平氏の所領に限らず、謀叛人《むほんにん》の所領は幕府が没収し、そこに御家人を地頭として配置するという「謀叛人跡地頭《むほんにんあとじとう》」の方式が推し進められた。戦時の体制を平時の体制として定着させるという、幕府の体制づくりの典型をここにみることができる。

　しかし、東国諸国の地頭の権限が強固なものであったのに対し、西国に関しては、誰のどの範囲の所領を「謀叛人跡」と認定するのか、確固たる基準も、朝廷・幕府間の明確な合意もなかった。そこで、朝幕間の地頭設置に関するトラブルは絶えなかった。「文治勅許」後も、地頭設置の範囲などについて、頼朝は慎重な対応を取らざるを得なかった。そして、文治二年（一一八六）一〇月、地頭は謀叛人がそれまでに持っていた権利・得分を引き継ぐだけで、それ以外に課役を徴集してはならない、という合意が朝幕間で成立した。その後も地頭制は着実に浸透し定着していったが、制度として画期を迎えるのは、三代将軍実朝暗殺後に起きた「承久《じょうきゅう》の乱《らん》」で、幕府が後鳥羽院の朝廷に大勝した後である。

ところで、「荘郷地頭」は一国内に数名から、多い国では数十名いたが、「守護《しゅご》人《にん》」「惣追捕使《そうついぶし》」と呼ばれた「守護」は、一国にひとりずつ置かれるのが基本であった。頼朝は「文治勅許」以前、支配下に置いた東国諸国の有力御家人に対し、国司の役所である国衙の役人いわゆる「国衙在庁《こくがざいちょう》」を指揮して、軍事動員や警察活動などを行うよう命じていた。千葉常胤・上総広常・三浦義澄・小山朝政らである。頼朝は、彼らが前代以来受け継いできた職権に基づき、それぞれ下総国・上総国・相模国・下野国の「守護」として、国内の軍事・警察以下の業務の指揮をさせたのである。

寿永三年＝元暦元年（一一八四）、生田の森・一の谷合戦に勝利して西国にまで支配地域を拡大させた頼朝は、ここでも有力御家人に、国衙の機構を掌握して一国単位で軍事指揮権をふるうこと、すなわち国内の武士たちの軍事編成、一般民衆に対する兵士役の賦課、在庁官人らを動員しての兵粮米《ひょうろうまい》徴集などを実施するよう命じた。播磨《はりま》・美作《みまさか》両国の梶原景時、備前《びぜん》・備中《びっちゅう》・備後《びんご》三国の土肥実平《とひさねひら》、伊賀国の大《おお》内惟義《うちこれよし》、伊勢国の山内経俊《やまのうちつねとし》などである。彼らは当時「惣追捕使」と呼ばれていた。守護の前身というべき存在である。

平家の滅亡後、西国の惣追捕使はいったん廃止され、「文治勅許」後、あらためて守護として設置されることになったが、地頭の場合と同様、その権限は縮小された。このように、東国と西国では守護の設置の経緯・由来などに地域的偏差があり、少なくとも頼朝期には一律に捉えることは難しい。

しかし、守護制度も、戦時の体制から平時の体制への移行に伴って徐々に整備され、職務・職権も規定されていった。頼朝期には、国内の検断《けんだん》すなわち警察活動のほか、地頭御家人を上洛させて天皇や院の御所の警固に当たらせる「大番催促《おおばんさいそく》」、国内の寺社を修理・造営して経営の振興に努め、国衙在庁を指揮して「大田文《おおたぶみ》＊」を作成するといった行政事務などであった。しかし、できる限り守護の職権を抑制しようとする傾向がみられ、貞永元年（一二三二）に制定された『御成敗式目』では、大番催促と謀叛人・殺害人の検断、いわゆる「大犯三箇条《たいぼんさんかじょう》」に限定するという規定が設けられた。

御家人制　「鎌倉殿」頼朝と主従関係を結んだ武士が「御家人」と呼ばれたことは、本章冒頭で述べた。これまでの叙述はそれを前提に進めてきたが、制度としての「御家人制」という観点から、ここでその誕生・発展について確認しておきたい。

治承四年（一一八〇）に挙兵した際、流人であった頼朝には手勢と呼べるような従者はほとんどいなかった。北条時政をはじめ妻政子の実家である北条氏の人々も、

＊ **大田文**　各国の荘園・公領の田地面積・領有関係などを記した文書。図田帳・田数目録とも。

挙兵に協力した狩野氏・土肥氏・三浦氏・千葉氏・上総氏なども、平氏勢力の台頭による勢力関係の変化という在地の論理に従った面があり、必ずしも頼朝と緊密な主従関係で結ばれていたわけではなかった。

そこで、頼朝が用いたのが「以仁王《もちひとおう》の令旨《りょうじ》」という大義名分であった。令旨に従う武士たちを糾合《きゅうごう》し、合戦で勝利を重ねた頼朝は論功行賞《ろんこうこうしょう》を行い、先祖相伝《そうでん》の所領の支配権を保証する「本領安堵」や、没収した敵方の所領を給与する「新恩給与」を実施した。こうして個々の武士たちと主従関係を結んで「御家人」と位置づけ、その組織化を進めたのである。治承四年一二月の大倉御所の侍所における「着到《ちゃくとう》の儀」は、それを大々的かつ公的に確認・表明したものであり、ここに御家人制はひとつの制度として誕生したといえる。

寿永二年（一一八三）、「十月宣旨《せんじ》」によって流人身分を解かれた頼朝は、朝廷から、義仲・平氏の追討を命じる「宣旨」を得て、その名のもとに西国の武士たちも組織化していった。その際に頼朝は、西国武士が荘園領主や国司《こくし》と結んでいた関係にまで立ち入ることはせず、そのまま「御家人」と認定し、「本宅の安堵」を行った。この方式をとれば、広範・迅速に武士たちを組織化することができ、義仲・平氏追討に効果があった。その結果、御家人制は西国武士をも含む制度へと発展した。ただし、当然のことではあるが、頼朝との主従関係の緊密さという点で、西国御家人は東国御家人に及ばないという問題が残った。

ところが、問題はこれだけではなかった。遠征中の東国御家人が、頼朝の推挙なくして朝廷から官職の任命を受けていたことが判明したのである。頼朝と東国御家人との緊密な主従関係は、外部の権威・権力の介入を排除し、一元的に頼朝が彼らを掌握し、組織化することで成り立っていた。逆にいえば、朝廷の伝統的権威や権力により、亀裂が生じる危険性が存在したのである。前章で述べたように、頼朝が任官した御家人を厳しく非難したのも、「鎌倉殿」としての権威・権力を誇示し、彼らを一元的な主従関係に回帰させるためであった。

さらにまた、西国御家人に対しては、平家の滅亡後、朝敵《ちょうてき》追討を名目とした軍事編成を行うことができなくなった。御家人制を新たな段階へと発展させる時期に来ていたのである。ここで頼朝が効果的に用いたのが「京都大番役《おおばんやく》」である。折しも、「文治勅許」によって各国に守護を配置するという条件が整えられた。守護の最も重要な職務は、国内の御家人を組織し、大番役を務めさせる「大番催促《おおばんさいそく》」である。大番役を「鎌倉殿」頼朝が請負い、守護が催促して御家人に務めさせることによって、平時においても、一元的に全国規模で御家人を掌握できるのである。またこれにより、守護の催促に従って大番役を務める武士こそ御家人に他ならない、という特別な身分意識も生まれた。

とはいえ、現実に各国に守護が設置されるようになるのは建久年間、すなわち一一九〇年代に入ってからであった。その直前、文治五年（一一八九）から翌建久元年にかけて、頼朝は奥州藤原氏を攻める奥州合戦を指揮し、全国的に軍事動員をかけた。これは遠隔地の御家人であっても必ず従軍しなくてはならない厳重な動員で、合戦に間に合わなかった御家人は罰を受けたほどである。こうした引締めを経て、建久年間、御家人制は平時においても全国規模で、守護の大番催促によって維持されることになった。

右近衛大将・征夷大将軍

建久元年（一一九〇）一一月に入洛した頼朝は、後白河から「権大納言《ごんのだいなごん》」、「右近衛大将《うこのえのたいしょう》」に任じられるという栄誉に浴した。まず、右近衛大将の任官について考えてみたい。

右近衛大将とは、天皇を間近で守護する武官の最高職である。「幕下《ばっか》」とも呼ばれ、当時の用語法では、その陣営こそが「幕府」であった。つまり、言葉の使い方からすれば、頼朝は右近衛大将に任じられたこの時点で幕府を開いたことになる。こうした語義・語法の観点から、かつては建久元年一一月に鎌倉幕府が成立したとする説が唱えられたこともあった。しかし、歴史学でいうところの「幕府」とは「武家政権」のことであり、必ずしも当時の語義・語法にとらわれる必要はない。そもそも治承四年以来、頼朝が築き上げてきた権力体に武家政権としての性格・実態が備わっていなかったとは考えがたい。そこで、現在では、建久元年一一月鎌倉幕府成立説が賛同を得ることはない。

とはいえ、建久元年の頼朝の上洛と右近衛大将任官という事実そのものが、何の

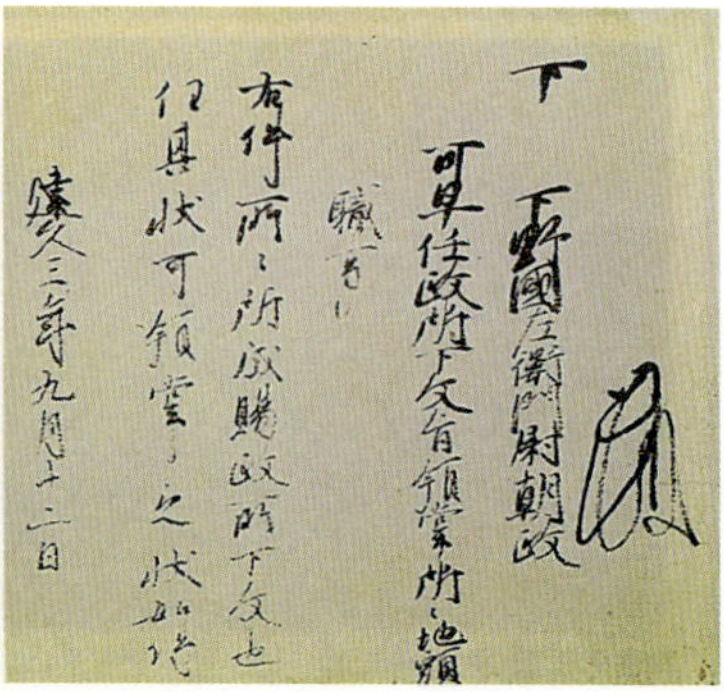

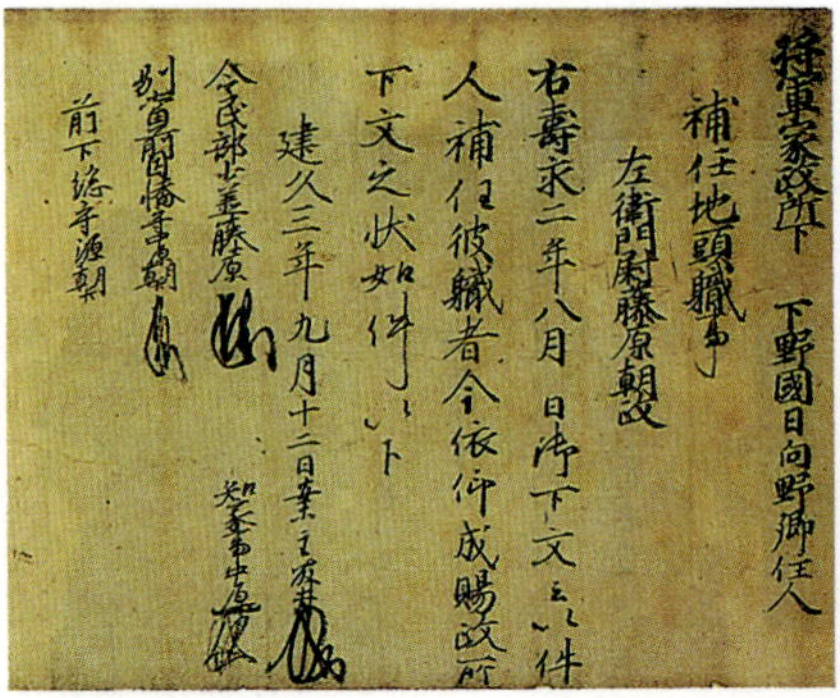

袖判下文（右）と政所下文（左）

歴史的意義も持っていなかったというわけではない。後白河・九条兼実という朝廷の実力者と頼朝との会談は、今後の朝廷と幕府のあり方に大きな影響を与えたからである。さらに、両職を辞して鎌倉に帰還した頼朝は、さっそく右大将家政所を開設し、政所下文発給の方針を示した。これは戦時の体制を平時の体制として定着させることを朝廷に認めさせた上で、平時の体制の質そのものを、戦闘のない新たな段階へと転換させる時期に来たことを、御家人たちに示す意味があったと考える。こうした点から、建久元年の頼朝の上洛および右近衛大将任官にも相応の歴史的意義があったといえ、建久元年をひとつの画期として強調する学説もある。ただ、前章でも述べたごとく、政所職員の花押しか記されない右大将家政所下文に御家人たちは違和感や不安を覚え、文書の発給はなかなか進まなかった。実際に政所下文が数多く発給されるようになるのは、二年後の建久三年（一一九二）以降である。

「イイクニつくろう」という語呂合わせでおなじみの西暦一一九二年、和暦《われき》の建久三年三月、朝廷の最高実力者後白河院が没し、頼朝と親幕派の公卿《くぎょう》兼実の連携による政治、新たな朝幕関係が実現した。それを典型的に示すのが頼朝の「征夷大《せいいたい》将軍《しょうぐん》」任官である。従来の研究では、頼朝は、坂上田村麻呂《さかのうえのたむらまろ》に淵源を持ち、都から遠く離れた東国の地で非常の大権を行使できる「征夷大将軍」への任官を強く望んだが、後白河はあえてこれを認めず、その死後、ようやく頼朝の望みが叶ったと考えられていた。

ところが、近年、新出史料の『三槐荒涼抜書要《さんかいこうりょうぬきがきのかなめ》』*にみえる『山槐記《さんかいき》』*建久三年七月九日条に、「前右大将頼朝、前大将の号を改め、大将軍を仰せらるべきの由を申す」と明記されていることが明らかにされた。頼朝が望んだのは、東国社会で権威を持つ「将軍」の号を越えて、さらに大きな権威を発揮する「大将軍」の号であり、「征夷大将軍」そのものではなかったのである。

さらに、頼朝の要請を受けた朝廷が「征東」「征夷」「惣官」「上」という「大将軍」に冠する四つの候補を挙げて審議した結果、「征東」は木曽義仲、「惣官」は平宗盛の先例があるものの、ともに滅亡の憂き目にあったのでふさわしくない、「上将軍」は先例がない、「征夷」は坂上田村麻呂の「吉例」があるので適切であるとの結論に達した、との記述もあった。つまり、朝廷によって、いわば消去法的に選ばれた

＊『三槐荒涼抜書要』　国立公文書館所蔵の史料。『三槐記』つまり『山槐記』と『荒涼記』からの抜書。『山槐記』の部分には藤原貞能関係の記事が多く、『荒涼記』は定能の孫の藤原資季の日記であることから、『三槐荒涼抜書要』の編者は定能・資季の流れに連なる人物と推定される。頼朝の征夷大将軍任官の経緯が記されているのは、『山槐記』の建久三年七月九日条・一二日条を抜書した「前右大将頼朝将軍を仰せらるる事」という部分。

＊『山槐記』　藤原忠親の日記。忠親は中山を称し、大臣（唐名は槐門）に昇ったので山槐記という。忠親卿記・中山内府記とも。一一五一～八五（仁平元～文治元）年の記事と、一一九二（建久三）年四月、九四（建久五）年正月の記事などが現存する。平安末期・鎌倉初期の重要史料。

のが「征夷」「大将軍」だったのである。とすれば、頼朝が「征夷大将軍」を強く望んだことも、「征夷」に特別な意味を求めることも、歴史の実態を表したものではないということになる。事実、建久年間後半、頼朝は「征夷大将軍」の職を辞し、「前右近衛大将《さきのうこのえのたいしょう》」という立場を前面に押し出してくる。このように考えると、鎌倉幕府は「イイクニつくろう」の一一九二年に成立したとみなす説も、歴史学的にはさして高く評価されるものではないといわなくてはならないであろう。

とはいえ、建久三年の段階では、頼朝自身、明らかに「征夷」「大将軍」の号に満足していた。また、頼朝の後を継いだ代々の「鎌倉殿」が「征夷大将軍」に任じられ、その地位を確固たるものとしたことも事実である。そうした意味では、鎌倉幕府にとって、建久三年＝一一九二年がひとつの画期であったことは間違いない。

二　都市鎌倉の建設

鶴岡八幡宮　鎌倉の主たる頼朝が、武家の都たる都市鎌倉の宗教的・精神的な核として造営したのが、現在、鎌倉市雪ノ下二丁目一番三一に鎮座する鶴岡八幡宮《つるがおかはちまんぐう》である。祭神は応神天皇・比売神《ひめがみ》・神功皇后の三柱である。八幡神に対する信仰は九州の宇佐《うさ》八幡宮に始まり、八世紀になると、八幡神は奈良の東大寺手向山鎮守《たむけやまちんじゅ》八幡宮に、九世紀には京都の石清水《いわしみず》八幡宮に「勧請《かんじょう》」された。勧請とは神仏の分身を他の地に移し祀《まつ》ることである。石清水をあつく信仰していた頼朝の祖先頼義《よりよし》は、前九年《ぜんくねん》の役《えき》の勝利後、康平六年（一〇六三）、鎌倉の由比《ゆい》郷に石清水の八幡神を勧請し、社殿を創建した。頼義の子で陸奥守《むつのかみ》となった義家《よしいえ》は、永保元年（一〇八一）、奥州に下る際に参詣して社殿に修理を加え、源氏の氏神《うじがみ》として信仰した。これが鎌倉市材木座一丁目七にある鶴岡由比若宮《つるがおかゆいわかみや》、いわゆる元八幡宮《もとはちまんぐう》である。

鎌倉入りした頼朝は、この元八幡宮を小林郷の北山に遷座《せんざ》し、「鶴岡八幡若宮《つるがおかはちまんわかみや》」と呼んだ。鶴岡若宮《つるがおかわかみや》では、養和元年（一一八一）の七月から八月にかけて大規模な社殿の造営が行われ、八月一五日、新造の正殿に御神体が納められた。後述するように、その後も寿永元年（一一八二）三月、参道として「若宮大路《わかみやおおじ》」が整備され、四月には境内に「源氏池・平家池」と俗称される池も造られた。ところが、建久二年（一一九一）三月に鎌倉を襲った大火で、鶴岡若宮の境内は甚大な被害を受けてしまう。頼朝はただちに復興に取りかかり、同年一一月、若宮の後の山の中腹に本《もと》宮《みや》（上宮）を新たに造営し、石清水を勧請した。これにより、鶴岡八幡宮は都市鎌倉の核としてその姿を整えることになった。

八幡信仰の特徴は神仏習合*が著しく進んだ点である。八幡神は神であると同時に仏でもあると考えられた。「八幡大菩薩」という語も八幡神に仏教の菩薩の号が奉

＊ **神仏習合**　神々に対する信仰（神祇信仰）と仏に対する信仰（仏教）が融合した宗教現象。奈良時代の神宮寺出現から始まり、平安時代には仏が神の姿をかりて現れたとする本地垂迹説が唱えられた。明治初年の神仏分離令まで続いた。

られた例である。さらに、「僧形八幡神像《そうぎょうはちまんしんぞう》」すなわち僧侶の姿をした八幡神の像が造られ、僧侶による「神前読経《しんぜんどきょう》」が行われた。そこで、八幡宮は八幡宮寺《はちまんぐうじ》、宮寺《ぐうじ》《みやでら》とも呼ばれた。

鶴岡八幡宮（寺）で読経し、祈祷を捧げるのは「供僧《ぐそう》*」すなわち僧侶たちであった。『鶴岡八幡宮寺諸職次第《しょしきしだい》』によれば、供僧の任命は治承四年（一一八〇）一一月・一二月頃であったという。この頃、供僧に任じられたことがわかるのは、頓学坊《とんがくぼう》良《りょう》喜《き》・蓮華坊《れんげぼう》勝円《しょうえん》・華光坊《かこうぼう》尊念《そんねん》・阿闍梨《あじゃり》定兼《じょうけん》などである。供僧はやがて「二十五《にじゅうご》口《く》」（「二十五坊」）に発展した。

長官である別当（社務職《しゃむしき》とも）も僧侶であり、供僧よりやや遅れて常置されるようになった。初代別当は、寿永元年（一一八二）九月、拝殿で頼朝から宮寺別当職《しき》に任じられた三井寺《みいでら》（園城寺《おんじょうじ》）僧の円暁《えんぎょう》である。二代目は正治二年（一二〇〇）一二月に任命された、円暁の同母弟の尊暁《そんぎょう》、三代目が八幡宮境内で将軍実朝を殺害した、頼家の遺児公暁《くぎょう》である。

恒例・臨時の祭祀の中で最も重要なのは八月一五日に催される「放生会《ほうじょうえ》」であった。放生会とは仏教の不殺生戒に基づき、捕えた魚鳥などを山野池沼に放って供養する法会である。頼朝は宇佐・石清水にならって、文治三年（一一八七）八月に放生会を開始し、武家政権らしく、宇佐・石清水にはない儀礼として「流鏑馬《やぶさめ》」を加えた。流鏑馬とは馬場の三カ所に立てた方形の的を、射手が馬を疾走させつつ矢

---

* 供僧　本尊に仕え、奉仕・供養をする供奉僧のこと。

継ぎ早に射る騎射《うまゆみ》の武芸である。流鏑馬神事は、現在、九月一五日の例大祭の翌日に行われている。

若宮大路・横大路・六浦道

鶴岡八幡宮に参詣するための道が「若宮大路《わかみやおおじ》」である。若宮大路は、先にも述べたように寿永元年（一一八二）三月に整備された。この年の二月、政子の懐妊が判明し、三月九日、腹帯を締める「御着帯の儀《ごちゃくたい》」*があった。頼朝は手ずから帯を結ぶほど喜んだ。そして、安産祈願のため、一五日、由比浦から鶴岡の社頭に至る参道に手を加え、直線的に伸びる若宮大路を造営したのである。『吾妻鏡』によれば、頼朝は自ら作業を指揮し、北条時政以下の有力御家人たちも土石を運んだという。こうして葛石《かずらいし》を積み上げた参詣道を「段葛《だんかずら》」と呼ぶ。現在も若宮大路は道路より一段高くなっている。八月一二日、頼朝らの祈願が功を奏し、政子は無事に男児を出産した。後の二代将軍頼家である。

ただ、若宮大路の整備は、元八幡宮の遷座から一年数カ月も後のことであった。このこ

段葛

＊ **御着帯の儀**　妊娠五ヶ月目の女性が戌の日に腹帯を締める儀式のこと。

とからもわかるように、頼朝が鎌倉入りした当時のメインストリートは南北に伸びる若宮大路ではなかった。この一帯は湧水が多く、水はけの悪い地だったからである。

頼朝期の鎌倉にあってメインストリートの役割を果たしていたのは、東西に伸びる「横大路《よこおおじ》」と「六浦道《むつらみち》」であった。横大路は、源義朝の邸宅「鎌倉の楯《たて》」の跡に岡崎義実《おかざきよしざね》が建てた草堂、現在、寿福寺《じゅふくじ》*（鎌倉市扇ガ谷一丁目一七番七号）が建っている地点から東に伸びて窟堂《いわやどう》の南を通り、鶴岡八幡宮・大倉御所の南に至る道である。その先からは六浦道と名前を変え、明王院《みょうおういん》*の南（鎌倉市十二所三二）を通り、朝比奈切通《きりどおし》を抜け、現在の横浜市金沢区と磯子区の一部にあたる六浦荘《むつらのしょう》に至る。鎌倉を東西に横切るこの横大路・六浦道こそがメインストリートであったと考えられる。

それは、幕府の主要機関や重要な役割を担う寺社が、ほとんど横大路・六浦道をはさむ形で建てられたことからも裏付けられる。大倉御所・侍所・問注所は横大路のすぐ北側、また政所は鶴岡八幡宮の三の鳥居の東、横大路の北側に位置していた。頼朝にとって、都市鎌倉の建設のための要路は、南北に伸びる若宮大路ではなく、東西に伸びる横大路・六浦道であったといえる。

勝長寿院・永福寺　また、メインストリート六浦道の南・北に、頼朝は二つの大寺院を建立した。勝長寿院《しょうちょうじゅいん》と永福寺《ようふくじ》である。いずれも後に廃寺となったが、鎌倉時代を通じて幕府の崇敬を集め、繁栄した大寺院である。

---

* **寿福寺**　神奈川県鎌倉市扇ガ谷にある臨済宗建長寺派の寺。正式には亀谷山寿福金剛禅寺という。開山は千光国師明庵栄西。一二〇〇（正治二）年に北条政子が開創。

* **明王院**　神奈川県鎌倉市十二所にある真言宗の寺。正式には飯盛山寛喜寺明王院五大堂という。一二三一（寛喜三）年、四代将軍頼経の発願により建立。三五（嘉禎元）年、五大明王をまつる五大堂が建てられ、明王院と呼ばれた。

勝長寿院は「南御堂《みなみのみどう》」「大御堂《おおみどう》」と称された寺院で、大倉御所の南御門を出て六浦道を渡り、やや南東に行った現在の鎌倉市雪ノ下大御堂ヶ《おおみどうが》谷にあった。本尊は仏師成朝《じょうちょう》の制作による阿弥陀如来像であったという。成朝は、院政期・鎌倉初期に都で活躍した院派・円派の仏師ではなく、興福寺を拠点とする奈良仏師で、しかも定朝《じょうちょう》*の正系である康朝《こうちょう》の嫡男であった。当時は僧綱位も持たぬ成朝であったが、頼朝は奈良仏師の正系・嫡流にあたるという点に着目し、勝長寿院の造仏を任せたのではないかと考えられている。なお、これにより幕府と奈良仏師との間につながりが生まれ、北条時政や和田義盛が、まだ無名であった奈良仏師傍流の運慶に造仏を依頼した。運慶作の阿弥陀如来像以下の諸像が、時政建立の伊豆願成就院《がんじょうじゅいん》や、義盛建立の相模浄楽寺《じょうらくじ》に安置されているのもそれ故である。

勝長寿院跡碑

　ところで、『吾妻鏡』元暦元年（一一八四）一一月二六日条によれば、頼朝は「父の徳に報謝するの素願」すなわち亡父義朝の徳に報いて感謝する、というかねてからの願いによ

＊定朝　?〜一〇五七年。平安中期の仏師。康尚が父もしくは師。藤原道長に重用され、法成寺の造仏を手掛けた。寄木造の技法を完成し、仏師として初めて僧綱位を得た。現存作品は国宝の平等院阿弥陀如来像。

って建立を企画したという。鎌倉内の適地を探した結果、御所の東南の霊崛《れいくつ》を営作の地と定め、大江広元と藤原俊兼《としかね》を奉行に任命し、この日、土を掘り動かす「犯《ぼん》土《ど》」を始めた。造営は急ピッチで進められた。翌年三月に平家が滅亡すると、四月一一日、その一報が「南御堂柱立《はしらだて》」すなわち立柱《りっちゅう》・上棟《じょうとう》の儀に臨んでいた頼朝のもとにもたらされた。藤原邦通《くにみち》が御前にひざまずいて記録を読み上げると、頼朝は自ら巻物を巻き戻して手に持ち、感無量の面持ちで鶴岡八幡宮に向かって座ったという。

その後も作業は順調に進み、改元して文治元年となった九月三日、義朝の遺骨に忠臣鎌田正清《かまたまさきよ》*の首を添えて境内に埋葬した。そして、一〇月二四日、犯土から一年足らずで落慶供養の儀を迎えたのである。供養の導師には、わざわざ三井寺(園城寺)の高僧本覚院僧正公顕《ほんがくいんそうじょうこうけん》を招き、源氏の一門をはじめ多数の御家人たちが参集する中、頼朝が初めて建立した寺院にふさわしい盛大なセレモニーが営まれた。導師の公顕に贈られた布施物も、錦・綾・絹・砂金・銀や選び抜かれた名馬など、贅美《ぜいび》を尽くしたものであった。

勝長寿院は「寺」よりも格の低い「院」と呼ばれたことからもわかるように、頼朝家の私的な寺院という性格を持ち合わせていた。これに対し、永福寺は二階建ての堂を持ち、「二階堂《にかいどう》」と通称された巨大な「寺」であった。大倉御所の東御門の「鬼門《きもん》」にあたる「丑寅《うしとら》」の方角、すなわち東北方向に進み、荏柄天神社《えがらてんじんしゃ》*の横を抜

---

* **鎌田正清**　一一二三〜六〇年。父は相模国の武士通清、母は源義朝の乳母。義朝の家人として保元の乱・平治の乱で活躍。平治の乱に敗れ、妻の父長田忠致を頼ったが、裏切られて殺害された。

* **荏柄天神社**　神奈川県鎌倉市二階堂にある神社。祭神は菅原道真で、太宰府天満宮・北野天満宮と並ぶ日本三天神のひとつ。頼朝が大倉幕府の鬼門鎮護としてまつったと伝える。

けてさらに進んだ現在の鎌倉市二階堂に位置した。六浦道の北側であるが、道からはやや離れている。

『吾妻鏡』文治五年（一一八九）一二月九日条には「今日、永福寺事始《ことはじめ》なり」という記事がみえる。これによれば、頼朝は奥州合戦で平泉に進軍した際、藤原泰衡《ふじわらのやすひら》が管理していた「大長寿院《だいちょうじゅいん》と号す」「二階大堂《にかいおおどう》」をみて、これを模した大寺院を建立し、命を落とした数万の人々の怨霊を鎮め、魂を救おうと考えたという。平泉には大長寿院*のほか、無量光院《むりょうこういん》*や毛越寺《もうつうじ》*など、豪奢《ごうしゃ》華麗な伽藍が立ち並び、その境内には美しい苑池が広がっていた。治承以来の戦乱に終止符を打ち、「天下落居」を徹底した頼朝は、奥州をも含む広範な地域に軍事的に君臨する統治者の責務として戦死者を鎮魂し、壮麗な寺院という巨大モニュメントを造立することにより、その権威・権力を内外に示そうとしたのである。

三年後の建久三年（一一九二）一一月二五日、頼朝が征夷大将軍に任命された四ヶ

毛越寺庭園

* **大長寿院**　岩手県平泉町の中尊寺にあった寺。一一〇六（嘉承元）年の建立と伝える、阿弥陀如来が本尊。

* **無量光院**　岩手県平泉町にあった寺。藤原秀衡が宇治の平等院を模して建立したとされる阿弥陀堂。

* **毛越寺**　岩手県平泉町にある天台宗の寺。寺伝によれば、八五〇（嘉祥三）年、円仁が開基、一一〇八（天仁元）年、藤原基衡が再建、秀衡が規模を拡大したという。近年、その壮麗な浄土式庭園が発掘・復元された。

月ほど後、勝長寿院の時と同様、法務《ほうむ》大僧正《だいそうじょう》公顕が導師に招かれ、永福寺の落慶供養の儀が盛大に行われた。境内には、東を正面にして巨大な本堂「二階堂」がそびえ建っていた。その後、建久五年頃までに、二階堂の北側に薬師堂、南側に阿弥陀堂が建てられ、三堂は広い回廊によって結ばれた。さらに、三堂の前には浄土を髣髴《ほうふつ》させる美しい苑池が造られた。永福寺は、幕府を創設した頼朝の権威・権力のひとつの象徴であったといえよう。

御家人たちの邸宅・宿所

武家の都である鎌倉には、常に御家人たちが集住し、活動していたかのように思われがちである。しかし、実はそうではなかった。政所や問注所、後の引付方《ひきつけかた》の奉行人《ぶぎょうにん》や、執権《しっけん》の北条氏など、鎌倉に常駐し、「亭」「邸」「館《たち》」を構えていた御家人もいたが、多くは日常生活を本拠地で送り、何かの折に鎌倉に出向いてくるだけであった。先述の勝長寿院や永福寺の落慶供養のような公式行事が営まれる際、詰所である侍所に出仕し宿直警衛の任に当たる時、あるいは鎌倉殿の命令や指示に従う場合などである。そうした時のために、御家人たちは鎌倉内にそれぞれ「宿所《しゅくしょ》」を設けていた。宿所とは、まさに滞在中に宿泊する場所である。文献史料の記述や発掘調査の結果から、御家人たちの邸宅や宿所がどこにあったのか、ある程度は導き出すことができる。頼朝期に限定すると明らかにし得ない点が多いので、それ以降の史料も活用しつつ、いくつか例を挙げてみたい。

まず北条氏の邸宅である。『吾妻鏡』には北条時政の邸宅として「名越《なごえ》亭」の名がみえる。名越とは鎌倉の南東部の地名で、時政亭跡の伝承が残るのは「釈迦堂切通《しゃかどうきりどおし》」周辺の地域である。時政は、出身地であり本拠地である伊豆の韮山《にらやま》と名越をしばしば行き来した。名越亭には「小門」「惣門」「北面」や、従者の詰所である「侍所」があったことが史料から確認できる。しかも、『吾妻鏡』建仁三年（一二〇三）一〇月八日条によれば、時政は、自身が擁立した三代将軍実朝の元服の儀を名越亭で催し、大江広元・小山朝政《おやまともまさ》・安達景盛《あだちかげもり》*・和田義盛など「御家人等百余輩」が「侍の座に着」したという。大倉御所の侍所ほどではないにせよ、かなりの広さを備えた侍所であり、名越亭が大邸宅であったことを示唆している。

時政の子の義時は、「大倉亭」と「小町《こまち》亭」という二つの邸宅を持っていた。大倉亭は、将軍御所のある大倉の地にあったと考えられ、いくつかの史料から、その所在地は大倉観音堂（鎌倉市二階堂にある現在の大倉観音院杉本寺《すぎもとでら》*）の西のあたりに比定されている。一方、小町亭は、建暦三年＝建保元年（一二一三）五月二日の和田合戦*で和田義盛勢の攻撃対象となった。『吾妻鏡』同日条によれば、和田勢は軍勢を三手に分け、「幕府の南門ならびに相州（義時）の御亭〈小町上〉の西・北両門」を包囲したという。ここから、小町亭の西側と北側は道に面し、門が立てられていたこと、幕府の南門にも近接していたことがわかる。「小町」亭という呼び名を考え合わせると、その所在地は小町大路の東側で横大路の南側、西門が小町大路に開かれ、北門が大倉御所に向けて開かれていたと考えられる。横大路を渡ればすぐに御

＊**安達景盛**　?～一二四八年。父は盛長、母は比企尼の娘。一九（建保七）年、将軍実朝の横死後、出家して覚智と号す。高野山に金剛三昧院を建立。北条経時・時頼の外祖父として、高野山から幕府の政治に関与した。

＊**杉本寺**　神奈川県鎌倉市二階堂にある天台宗の寺。正式には大蔵観音院杉本寺という。行基が開山、円仁が中興。坂東三十三観音の第一番札所。国重文の十一面観音像がある。

＊**和田合戦**　一二一三（建暦三＝建保元）年五月、和田義盛が率いる軍勢と北条義時が率いる幕府軍が、鎌倉内で二日間にわたって激闘を繰り広げた事件。義盛ら反北条勢力が滅び、政所別当の義時が侍所別当を兼ねることになった。

甘縄神明社（安達盛長邸跡碑）

所の南門に達する場所に、義時は邸宅を構えていたのである。

大江広元の邸宅も、同じく横大路をはさんだ御所の南にあった。和田合戦の際、自邸にいた広元は義盛挙兵の報を受けてただちに御所に参上し、将軍実朝を脱出・避難させるという合戦の勝敗を左右する重要な役割を果たした。また、ここは鶴岡八幡宮の東南にある政所にも近く、別当として政所に出仕する上で好適な場所でもあった。

一方、義盛と同じ三浦一族でありながら、和田合戦で北条氏側についた有力御家人に三浦義村《よしむら》がいた。その邸宅は『吾妻鏡』に「西御門《にしみかど》の家」と記されており、御所の西門付近にあったと考えられる。また、義盛の甥の和田胤長《たねなが》は、和田合戦直前に起きた泉親衡《いずみちかひら》の乱*に関与して屋敷を没収されたが、その場所は荏柄天神社《えがらてんじんしゃ》の前であった。ここは御所の東御門の近くでもあり、「宿直《とのい》の祗候《しこう》の便」があるほど御所に近接していた。有力御家人たちは大倉御所の周辺に邸宅や宿所を構えていたのである。

＊ **泉親衡の乱**　一二一三（建暦三＝建保元）年二月、北条義時を打倒しようとするクーデター計画が発覚した事件。首謀者は信濃国の武士の泉親衡であったが、多数の御家人が名を連ねた大規模な計画であった。

一方、有力御家人であっても、御所からやや離れた地に邸宅を構えた一族もいた。頼朝の流人時代からの側近、安達盛長《あだちもりなが》とその子孫である。安達亭の所在地は現在の鎌倉市長谷《はせ》の東部、甘縄《あまなわ》であった。甘縄には頼朝の鎌倉入り以前から鎮座する古社、甘縄神明社《あまなわしんめいしゃ》*がある。甘縄社は源氏とも関係が深く、頼朝や政子もたびたび参詣した。そして、盛長が頼朝にその守護を命じられて以来、安達氏が代々守ってきた。鳥居を入ったところに「安達盛長邸跡」という石碑が立っているが、それもこうした由来があるからである。ただし、実は安達亭の所在地はここではなく、近くの無量《むりょう》寺谷《じだに》の入り口付近であったことが、『吾妻鏡』などの記述から明らかにされている。安達氏の人々はそこから幕府に出仕していたのである。

七つの切通

甘縄の北側の鎌倉市長谷には大仏で有名な高徳院《こうとくいん》*がある。鎌倉大仏*は頼朝の時代ではなく鎌倉中期の造立《ぞうりゅう》であるが、ここが造立地に選ばれたのは、この地が鎌倉の内と外を分ける境界のひとつであり、都や武蔵方面から鎌倉に入る古道に近かったからであろう。『東関紀行《とうかんきこう》』*には、仁治三年（一二四二）、都から下向してきた作者が、鎌倉に入る手前で大仏を目の当たりにして驚嘆したという記述がある。このように、山で囲まれた都市鎌倉に陸路で入るには必ず通らなくてはならない場所があった。それが七つの切通《きりどおし》である。

切通とは山や丘を削って切り開いた道路で、横幅が狭く通行するには不便であるが、敵の大軍の侵入を防ぐには極めて効果的であった。実際、発掘調査によって、

---

*甘縄神明社　神奈川県鎌倉市長谷に鎮座する神社。甘縄神明宮とも。祭神は天照大神をはじめとする五社明神。七一〇（和銅三）年、行基の創建と伝える。

*高徳院　神奈川県鎌倉市長谷にある真言宗鎮西派の寺。正式には大異山高徳院清浄泉寺という。開山・開基ともに不詳。

*鎌倉大仏　長谷の大仏とも。一二三八（暦仁元）年、浄光の発願で造営開始。四三（寛元元）年、木造の大仏の落慶供養があったが、五二（建長四）年、金銅の大仏の鋳造が開始。木造大仏は金銅大仏の原型とされるが、謎も多い。

*『東関紀行』　京都東山に住む作者が、一二四二（仁治三）年八月に鎌倉に下った時のことを流麗な和漢混淆文体で記した紀行。

切通の周囲には、山肌を垂直に削って人口の崖にした切岸《きりぎし》や、敵軍を待ち構えるための平場《ひらば》など、幾種類かの防御施設が造られていたことがわかっている。つまり切通は、鎌倉の内と外をつなぐ交通路であると同時に、鎌倉を防衛するための重要な軍事施設だったのである。

切通は七つあった。西から「極楽寺坂《ごくらくじざか》切通」「大仏切通」「化粧坂《けわいざか》」「亀ヶ谷坂《かめがやつざか》」「巨福呂坂《こぶくろざか》切通」「朝比奈《あさひな》切通」「名越《なごえ》切通」で、北条氏が執権として権力をふるうようになってから整備された。このうち極楽寺坂切通は、鎌倉と都を結ぶ新たな交通路として、極楽寺*の開山である真言律宗の高僧良観房忍性《りょうかんぼうにんしょう》*が開いたという伝承を持つ。残念ながら、拡張工事などが行われた結果、現在は往時の姿をしのぶことはできない。ただ、他の六つの切通は往時の雰囲気をよく伝えており、国史跡に指定されている。

大仏切通・化粧坂・亀ヶ谷坂・巨福呂坂切通は、いずれも武蔵方面に向かうための要路で、化粧坂が鎌倉上ノ道《かみのみち》の起点、亀ヶ谷坂と巨福呂坂が鎌倉中ノ道《なかのみち》の起点とされていた。また、亀ヶ谷坂は扇ガ谷《おうぎがやつ》と山ノ内《やまのうち》とを結び、巨福呂坂は鶴岡八幡宮から山ノ内に抜ける道でもあった。朝比奈切通は、鎌倉の東方の金沢や六浦に抜ける道で、六浦が鎌倉の外港として栄えるようになる鎌倉中期以降、海路で運ばれてきた物資を鎌倉に搬入する道として重視された。七つ目の名越切通であるが、ここは鎌倉から六浦や房総方面に抜ける要路であった。その道は他の切通よりはるかに

---

* **極楽寺**　神奈川県鎌倉市極楽寺にある真言律宗の寺。南都西大寺の末寺。一二六七（文永四）年、律宗の復興に努めていた忍性が入寺してから西大寺流の拠点となり発展した。

* **良観房忍性**　一二一七～一三〇三年。大和国に生まれ、額安寺で出家、東大寺で受戒。四五（寛元三）年、叡尊から別受戒を受け弟子となった。六一（弘長元）年、鎌倉に下向。北条氏の帰依を受けて宗教活動・社会事業を行った。

険しく、周囲には多数の切岸や平場が発見されている。鎌倉を外敵から守る防御施設として、実際に活用されていたと考えられる。南が海、他の三方が山に囲まれた武家の都鎌倉は、まさに軍事的な都市であった。

法華堂　最後に、頼朝の墓所とされる「法華堂《ほっけどう》」についてみてみよう。頼朝は、大倉御所の邸内に持仏堂《じぶつどう》*を設け、常々、法華経を講読していた。また、奥州合戦後には、御所の北御門を出た後ろの山に、新たに持仏の聖観音《しょうかんのん》を安置する堂を建てた。これが後に「法華堂《ほっけどう》」と呼ばれるようになる頼朝の持仏堂である。その場所は、横大路の南に建つ勝長寿院《しょうちょうじゅいん》と、御所の南御門・北御門の三点を結んだ線の延長上にある。このことから頼朝は、南からは亡き父の遺骨を納めた寺院が、北からは自身の持仏を納めた堂が御所をみまもる、という構図を念頭に置いて法華堂を建てたのではないかともいわれている。

建久一〇年＝正治元年（一一九九）一月一三日に急死した頼朝は、その持仏堂に葬られた。一周忌にあたる正治二年（一二〇〇）一月一三日、『吾妻鏡』の同日条によれば、「かの法花堂において仏事を修さる。北条殿以下、諸大名群参」、すなわち法華堂で頼朝一周忌の法要が営まれ、北条時政以下の有力御家人が参集したという。

また、『吾妻鏡』によれば、建暦元年（一二一一）、『方丈記《ほうじょうき》』や『発心集《ほっしんしゅう》』を著し、歌人としても名をはせた鴨長明《かものちょうめい》*が、三代将軍実朝に拝謁するため鎌倉に下ってきた際、月次《つきなみ》命日にあたる一〇月一三日、法華堂に参拝したという。念誦読経《ねんじゅどきょう》した

---

* **持仏堂**　常日頃から礼拝する仏像（念持仏）を安置する堂。

* **鴨長明**　一一五五?〜一二一六年。京都下鴨社禰宜長継の次男。歌人として名をあげ、一二〇一（建仁元）年、和歌所寄人に抜擢されたが、一二〇四（元久元）年、河合社の禰宜になる夢を絶たれ、出家隠遁。随筆『方丈記』、仏教説話集『発心集』、歌学書『無名抄』などを著した。勅撰和歌集『新古今和歌集』に一〇首の和歌が入集している。

長明は懐旧の涙を流し、堂の柱に「草モ木モ　靡シ秋ノ　霜消テ　空キ苔ヲ　払ウ山風」という和歌を書きつけた。草も木もなびかすほどの勢いを誇っていた頼朝公も、秋の霜が消えてなくなるように亡くなって、今は苔の上を空しく山風が吹きすぎていくばかりだという意の歌である。実は、頼朝が絶頂期を迎えた建久年間半ば、長明も新進の歌人として頭角を現し始めていた。そうした若き日の自身の姿を、ありし日の頼朝に重ね合わせ、懐旧の涙を流したのであろう。

ところで、この記事については、翌建暦二年の出来事を、『吾妻鏡』の編纂過程で誤って建暦元年に挿入してしまったのではないかとの指摘がある。とはいえ、頼朝が没してから一二～一三年後のことであるというのは動かない。つまり、その頃すでに、法華堂は幕府の創設者頼朝を懐かしむ縁《よすが》として、人々の心の中に定着していたのである。

しかし、法華堂の持っていた意義・機能はそれだけにとどまらない。和田合戦で大江広元が将軍実朝を御所の北御門から脱出させたということは先に述べたが、彼らが避難した場所は法華堂であった。丸二日にわたって鎌倉内で繰り広げられた激闘の間、実朝は法華堂で身を守り、ここから指令を発したのである。さらに、『吾妻鏡』宝治元年（一二四七）六月五日条によれば、宝治合戦《ほうじかっせん》*でも三浦泰村《やすむら》*・光村《みつむら》ら三浦方の軍勢が法華堂にこもり、「寺の門に攻め入り、競って石橋を登る」北条時《とき》頼《より》*方の軍兵《ぐんびょう》と戦ったという。力尽きた三浦一族は法華堂で自害したが、その数は

---

* **宝治合戦**　一二四七（宝治元）年六月、北条氏・安達氏が三浦氏を滅ぼした事件。泰村以下、三浦の一族・郎等は法華堂にこもって自害した。これ以降、北条氏の本宗家である得宗家が覇権を確立した。

* **三浦泰村**　?～一二四七年。三浦介・若狭介・相模守護。義村の嫡子。母は土肥遠平の娘。北条泰時の娘婿で、将軍頼経の近習としても活動。三八（暦仁元）年、評定衆。四七（宝治元）年、時頼の挑発に乗って戦い、滅ぼされた。

二百数十名に及んだという。同日条では法華堂を「殊勝の城郭」「鉄壁の城郭」と記しており、立てこもった三浦軍の人数を考え合わせると、法華堂がかなりの規模の城郭としての機能を有していたことがわかる。

その後、火災による焼失と再建を繰り返した法華堂は、明治元年（一八六八）に発令された神仏分離令《しんぶつぶんりれい》*によって、完全に撤去されるに至った。如意輪観音像《にょいりんかんのんぞう》や地蔵《じぞう》菩薩像《ぼさつぞう》など堂内の仏像は、やや北に建つ時宗《じしゅう》の寺院来迎寺《らいごうじ》*（鎌倉市西御門一丁目一一番の二）に移され、現在に至っている。

以上、鎌倉幕府の創設と都市鎌倉の建設の様相について述べてきた。次章では、頼朝の生涯の足跡を、鎌倉に限ることなく歩いてみよう。

---

* **北条時頼**　一二二七～六三年。父は時氏、母は安達景盛の娘（松下禅尼）。四六（寛元四）年、兄経時から執権の地位を譲られ、五代目の執権となった。寄合という私的会議によって幕政を運営し、得宗専制への道を開いた。四九（建長元）年、土地の訴訟を審議する引付を設置。五六（康元元）年の出家後も実権を握り、回国行脚の伝承を生んだ。

* **神仏分離令**　明治政府が、一八六八（明治元）年、奈良時代以来の神仏習合を禁止し、神社から仏教色を排除するために出した一連の法令。

* **来迎寺**　神奈川県鎌倉市西御門にある時宗の寺。一遍上人や一向上人を開山とする伝えもあるが、不詳。

コラム

「文士」の御家人たち

これまでの叙述では、鎌倉殿と主従関係を結んだ「武士」を御家人とみなしてきたが、数は多くないものの、御家人の中には武士でない人々もいた。「武」ではなく「文」で幕府に仕える「文士」と呼ばれた御家人たちである。彼らは都で朝廷に仕えていた中流貴族で、その実務能力を買われて鎌倉に下向し、政所や問注所の職員、将軍や執権の側近として活動した。ここでは「文士」の御家人のうち、大江《おおえの》広元《ひろもと》と三善康信《みよしやすのぶ》を取り上げたい。

大江広元は、頼朝誕生の翌久安四年（一一四八）に生まれた。父については、大江維光《おおえのこれみつ》が実父、中原《なかはらの》広季《ひろすえ》が養父であったとする説が有力である。他に、実父が中原広季、大江維光は養父であったとする説や、実父を藤原光能《ふじわらのみつよし》とする説もある。曾祖父は、白河院政期随一の漢学者であり、ブレーンとして朝政にも参画した大江匡房《おおえのまさふさ》であった。また、兄弟に、同じく幕府で活躍した中原親能《ちかよし》がいる。文章道《もんじょうどう》の大江氏、明経道《みょうぎょうどう》・明法道《みょうぼうどう》の中原氏という出自と広元の活躍との間には、密接な関係があったと考えられる。

中原姓で朝廷に出仕した広元は、中流貴族がつく、実務能力の求められる官職を歴任し、同時に摂関家の九条兼実の政務を事務分野で支えた。そうした中、頼朝の挙兵が成功し、朝廷との交渉や組織の整備が武家政権にとって喫緊の課題となった。「文」の能力にたけた人材が必要になったのである。その際、重要な役割を果たしたのが広元の兄弟親能である。親能は、幼少時、相模国の波多野経家《はたのつねいえ》に養われ、頼朝とも「年来の知音《ちいん》」であった。かくして広元は親能の推挙を得て鎌倉に下り、「文士」の御家人となったのである。

幕府における広元の活躍には、まさに目をみはるものがある。鎌倉に下向した元暦元年（一一八四）、公文所別当に就任し、翌年以降は政所別当として幕政に参画し続けた。朝廷の政治手法や内部の実情をよく知る広元の提言は、幕府の発展に寄与するところ大であった。いわゆる「文治勅許」も広元の提言である。承久三年（一二二一）の承久の乱では、京方の軍勢を鎌倉で迎え撃つのではなく、積極的に打って出て京都を攻撃するよう主張し、幕府を勝利に導いた。このように政所別当として、また将軍側近として貴重な政策提言を行った広元であったが、「文士」が将軍への取次ぎ役を務めることに不満を抱く、和田義盛のような「武士」もいた。和田合戦で広元邸が和田軍に攻撃されたのもそれ故である。

なお、広元は建保四年（一二一六）、七四歳で大江姓に改姓した。したがって、厳密にいえば、幕府での活動の大半は中原広元としてのものであるが、本書では一般に周知されている大江広元という名を用いた。翌五年、病により出家して覚阿と名乗った広元は、嘉禄元年（一二二五）、幕府が安定期に入ったのをみとどけて世を去った。享年八三歳であった。

もうひとりの重要な「文士」三善康信は、保延六年（一一四〇）、明法道の家である三善家に生まれた。父は康光、母は頼朝の乳母の妹であった。早くから有能な吏僚として朝廷に仕えていたが、母方が頼朝に近かったからか、平氏政権のもとでは不遇であった。そのかわり、月に三度、伊豆に使者を送って都の情報を伝え、治承四年（一一八〇）六月にはいちはやく頼朝に危機を報せた。養和元年（一一八一）ごろ出家して善信と名乗った康信は、元暦元年、頼朝の招きで鎌倉に下向し、「文士」の御家人となった。同年一〇月には新たに設置された問注所の執事に就任し、以後、広元とともに幕政に関与し続けた。『吾妻鏡』によれば、承元二年（一二〇八）正月一六日、名越《なごえ》の家が火事になり、裏山に構えていた「文庫」も被災した。集積していた幕政に関する文書や日記などが焼失し、康信はひどく落胆したという。しかし、その後も文書・日記などを集め、自身も記録を残したらしく、『吾妻鏡』編纂時にはそれらが原史料の一部として用いられたと考えられる。

承久の乱勃発時は、病をおして出仕し、一刻も早く京都を攻めるべきことを主張した。その二カ月半後、康信は静かに息を引き取った。享年八二歳であった。

広元・康信以外にも有能な「文士」の御家人たちはいた。母が熱田大宮司藤原季範の妹であった関係から、鎌倉に下った二階堂行政《にかいどうゆきまさ》もそのひとりである。行政は政所職員として活躍し、その筆録は『吾妻鏡』編纂の際の原史料になったといわれている。二階建ての堂を備える永福寺の近くに居を構えたことから「二階堂」と称した。頼朝の祐筆として活動した藤原邦通《ふじわらのくにみち》や平盛時《たいらのもりとき》など、他にも貴重な人材が鎌倉に下り、頼朝のもとに結集して幕府を支えた。「武士」の軍事力だけではなく「文士」の実務能力も、幕府には欠かせぬ力だったのである。

III

源頼朝を歩く

箱根神社

最初の配流地「伊東」

静岡県伊東市

【交通】ＪＲ東海道線熱海駅で、ＪＲ伊東線または伊豆急行線に乗り換えて一五分。伊東駅下車。

ＪＲ東海道線の伊東駅で下車し、東口正面の駅前大通りを進んだら、最初の信号を左折しよう。少し歩くと木下杢太郎《きのしたもくたろう》記念館が左手に、正面に海がみえてくる。伊東オレンジビーチである。突き当りを右折して国道一三五号線、通称「海岸通り」に入る。伊豆の陽光が海に照り輝いてまぶしい。潮風が心を開放的にしてくれる。沖にみえる小島は初島《はつしま》である。よく晴れた日なら相模湾一帯を見渡すこともできる。通り沿いに魚を天日干《てんぴぼ》しにして売る店が立ち並ぶ。伊東は今も昔も漁港なのである。

頼朝の監視役であった伊東祐親も、船を操る海の武士団の側面を持っていた。相模湾の東の端、三浦半島を本拠とする三浦氏と姻戚関係を結んだのも、相模湾の西の端、真鶴岬《まなづるみさき》に近い土肥郷を本拠とする土肥実平を、嫡子河津三郎の烏帽子親に頼んだのも、日常的に海の道を通じて交流を持っていたからに他ならない。

海岸通りをもう少し歩くと、伊東の山奥から流れてきた松川（伊東大川）の河口に出る。なぎさ橋という近代的な大きな橋を渡ると、たもとにふたつの石碑が立っているのがみえる。海側に立つのは、伊東で日本初の西洋式帆船を建造した三浦按針《みうらあんじん》（ウィリアム・アダムズ）、陸側は伊東をこよなく愛した詩人にして歌人の北原白秋である。

白秋の石碑の傍らを通り、松川沿いに設けられた石畳の遊歩道に入ろう。川岸には柳の街路樹が続き、古風な木造建築の旅館が並ぶ。伊東は温泉で有名な保養地でもある。こうした風情を楽しみながら一〇分ほど歩くと、左手に小さな神社がみえてくる。ここは、流人の頼朝が祐親の三女、「八重姫《やえひめ》」という名であったとの伝承もあるが、その八重姫と逢瀬《おうせ》を重ねたと伝えられる音無《おとなし》神社である。木々に囲まれた境内には、許されることのなかったふたりの恋をしのび、石碑が立てられている。音無神社から出て、すぐ近くにある岡橋を渡ると、道の右手にこんもりと木の茂った一角がみえる。頼朝が八重姫を日暮し待ち続けたという、日暮《ひぐらし》の森と日暮《ひぐらし》八幡《はちまん》神社である。

松川をはさんだふたつの神社は、若き日の頼朝の恋を今に伝える縁《よすが》である。しかし、祐親によってふたりの

伊豆周辺地図

伊東周辺地図

仲は引き裂かれ、愛する我が子の千鶴《せんつる》も殺されてしまった。「真名本」の『曽我物語』によれば、数え年三歳という幼い千鶴が祐親の郎等に連れて行かれたのは、他ならぬこの松川の上流であったという。身体に石をくくりつけられた千鶴は川底に沈められ、はかない命を落とした。松川は、流人頼朝の恋の喜び、苦難と悲しみを象徴

音無神社

東林寺

しているかのように思えてくる。

石橋山合戦でも頼朝を苦しめた祐親は、伊豆の鯉名《こいな》の泊《とまり》から船で逃亡をはかったが捕えられ、娘婿の三浦義澄《みうらよしずみ》に囚人として預けられた。一年四カ月ほど後、政子の懐妊で恩赦されるが、これを恥辱として自害した。祐親とその一族の菩提寺《ぼだいじ》がこの近くにある。

日暮の森から出て再び岡橋を渡り、そのまままっすぐに伸びる道を突き当りまで歩くと、葛見《くずみ》神社に出る。祐親の祖父寂心《じゃくしん》が京都の伏見稲荷を勧請したと伝えられる古社である。ここを右に折れて小高い丘の方に歩いていくと、道が二股に分れている。右側の道を進み、さらに右手に入ると、伊東一族の菩提寺東林寺《とうりんじ》である。嫡子河津三郎を工藤祐経に殺され、出家して入道となった祐親の法名、東林院にちなんだ寺名である。本堂には一族の位牌、祐親の木像などが安置されている。

祐親の供養塔とされる五輪塔が、二股に分れていた左側の坂道をのぼったところ、立ち並んだ人家の陰にひっそりと立っている。鎌倉初期の手法という薬研彫《やげんぼ》りの種子《しゅじ》のある五輪塔は、「祐親の墓」として市の文化財に指定されている。

平家の家人として伊豆に配流された頼朝を監視し、平家の隆盛とともに勢力を伸張した祐親の本拠「伊東」、ここは頼朝が苦難の時代を送った地であり、祐親と交流のある三浦氏・土肥氏・狩野氏・北条氏など、挙兵に協力した武士たちと知り合う機会を得た地でもあった。では次に、伊東を脱出した頼朝が挙兵に踏み切った地「北条」を歩いてみよう。

挙兵の地「北条」

静岡県田方郡韮山町
【交通】ＪＲ東海道線三島駅で伊豆箱根鉄道駿豆線に乗り換えて二〇分。韮山駅下車。

三島駅から伊豆箱根鉄道駿豆《すんず》線にのんびりと揺られていくと、二〇分ほどで韮山駅に着く。周囲にはのどかな田園風景が広がっている。さえぎるもののない見晴らしの良い平地である。まっすぐに伸びた道が何本か直角に交わっているのがみえる。

改札を出て、駅の南側（修禅寺方面）の踏切を渡り、そのまま道を直進しよう。三つ目の交差点を右折し、一本南側の道に出て左折すると、その先に茂みに囲まれた史跡がみえる。人の背丈を越えるほどの大きな石碑が立つこの場所こそ、北条にたどり着いた頼朝の居所「蛭《ひる》ヶ小島《こじま》」である。頼朝が生きていた時代、この一帯は狩野川の流域で、大小の田島（中州）が点在していたという。「蛭ヶ小島」という地名も、ここが田島のひとつであっ

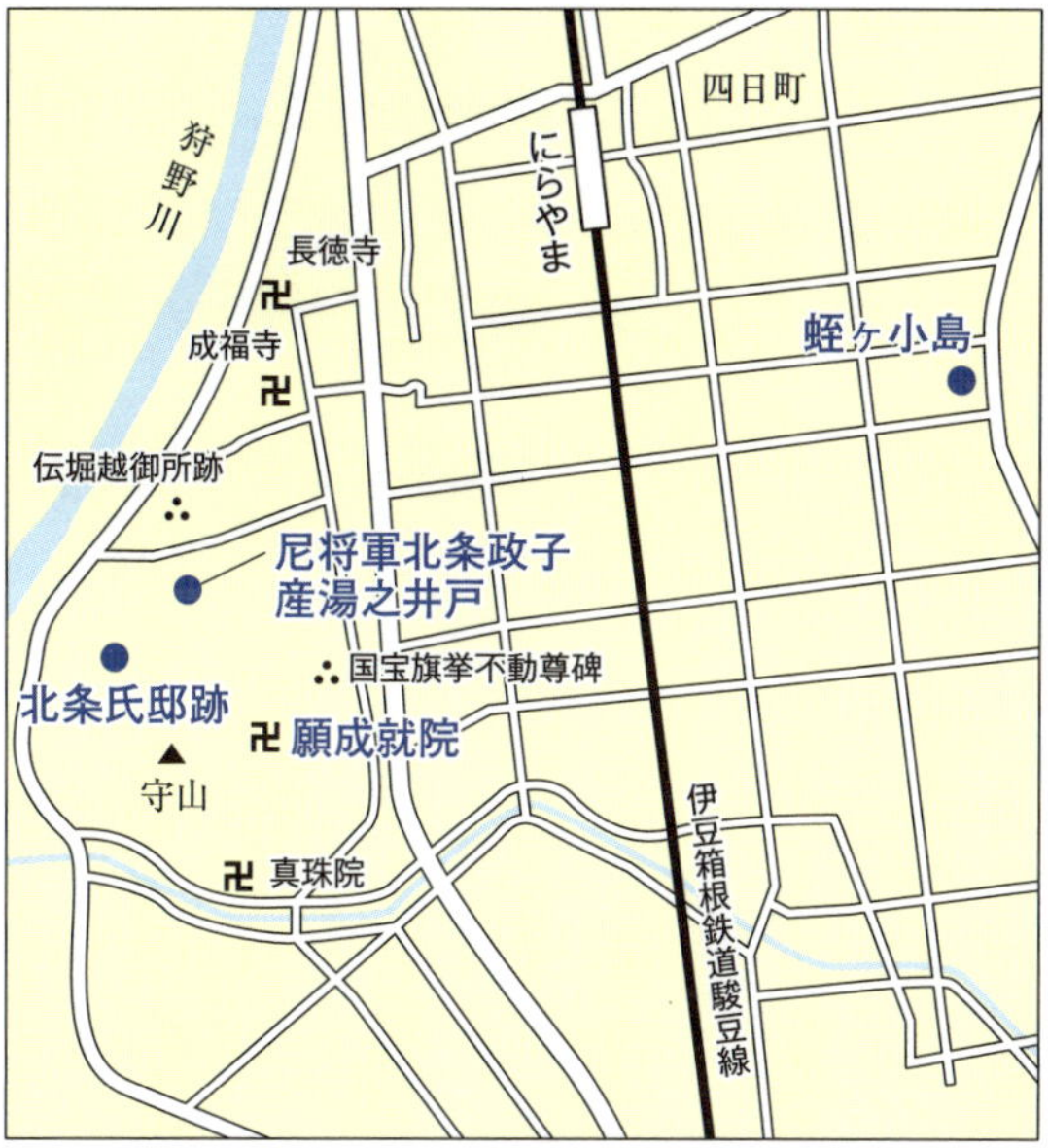

韮山駅周辺地図

たことを示している。その後、狩野川の流れは大きく変わり、中州が消えて、農作に適した田園地帯になり、現在に至っている。

蛭ヶ小島の史跡には頼朝が住んだ屋敷はない。頼朝と政子の像や、歴史紹介のための施設などが作られているだけである。しかし、この場所に立ってみると、流人の頼朝が、日々、目にしたはずの風景を思い描くことができる。広々とした平地、その先にある山影、そして美しい稜線を描く富士山である。東京から遠望する富士とは違う。すぐ近くに堂々とそびえているのである。頼朝は、この富士の偉容を眺めながら、はるか先の都に思いをはせ、平家を倒して源氏を再興する未来を夢みていたのであろうか。その頼朝を支えたのが、北条時政と政子であった。次に、北条氏の拠点をたずねてみよう。

駅の方に戻り、踏切を渡って少し歩くと、国道一三六号線に出る。ここを左折して南の修禅寺方面に向かい、しばらく歩いて「願成就院」の標識のある地点で右に折れる。細い道を少し行くと、「国宝旗揚不動尊碑《こくほうはたあげふどうそんのひ》」という巨大な碑が目にはいる。その先にあるのが北条時政の建立した願成就院《がんじょうじゅいん》である。

蛭ヶ小島公園

文治五年（一一八九）、時政は奥州合戦の戦勝祈願のため伽藍の営作を企図し、六月六日、立柱上棟の儀を行った。寺は願成就院と名づけられ、鎌倉時代を通じて北条氏の崇敬を受けて繁栄した。寺の背後にある守山を中心とした一帯が北条氏の本拠であり、願成就院はその核となる寺院と位置づけられたのである。しかし、幕府とともに北条氏が滅ぶと、願成就院も衰微していった。たびたび襲う兵火によって堂塔の多くが焼失し、今は大御堂《おおみどう》と旧本堂だけがかつての面影をわずかに伝えるのみである。

とはいえ、宝物館には貴重な仏像が収蔵・展示されている。大御堂の本尊阿弥陀如来坐像、そして毘沙門天像・不動三尊像である。いずれも、鎌倉美術を代表する仏師運慶が壮年期に制作した像であり、重要文化財に指定されている。

願成就院跡碑

　また、守山の西側には北条氏の邸宅跡とされる史跡が残っている。『吾妻鏡』によれば、頼朝は北条時政の館で、山伏に姿を変えた叔父行家から以仁王の令旨を受け取ったという。このあたりに頼朝と行家が対面した時政の館があったわけである。

　令旨を奉じて挙兵した頼朝は、山木兼隆の館に夜襲をかけた。「山木」という名字は、兼隆が狩野川の東側、山にさしかかる一帯を本拠としていたことを意味する。それは、守山と蛭ヶ小島を結んだ直線の延長上、江戸時代末の代官屋敷として有名な「江川邸」や、町立郷土史料館の後ろの山の中腹、兼隆菩提寺の香山寺が建っている辺りと考えられる。

　『吾妻鏡』によれば、時政の館にいた頼朝は、山木の館から上がる火の手をみて夜襲の成功を確信したという。現在、北条氏の本拠守山から東北の方角をのぞむと、蛭ヶ小島の旧跡をはさんで、香山寺のある山木までが見渡せ、頼朝がみたという火の手を実感することができる。北条時政の館と山木兼隆の館は、そうした距離と位置関係にあったのである。

　北条の地には他にも「政子産湯《うぶゆ》の井戸」と呼ばれる史跡がある。政子が実際にここで産湯を使ったのかどうか定かではない。しかし、頼朝の正室であった政子の史跡、頼朝・政子夫妻にまつわる史跡は各地に残されている。次に、頼朝を一途に慕う政子が、兼隆との婚姻を迫る父時政を振り切り、闇夜に紛れて駆け込んだ伊豆権現に向かってみよう。

頼朝と政子が結ばれた地「伊豆権現」

静岡県熱海市伊豆山上野地七〇八番地一
【交通】JR熱海駅南口広場からバス（伊豆山神社行きまたは七尾行き）に乗車七分。伊豆山神社前で下車。

JR熱海駅の駅前広場から、伊豆山神社行きか、七尾行きのバスに乗車しよう。徒歩でも行くことはできるが、長い坂道を三〇分近く歩かなくてはならないので、バスに乗ることをお勧めしたい。曲がりくねった坂道を上っていくと、右手に熱海の真っ青な海が開けてきて実に気持ちがいい。七分ほどで「伊豆山神社前」という停留所に着く。

平安期、伊豆山神社《いずさんじんじゃ》では神仏習合が進み、神を守護する寺である神宮寺が創建された。神を祀りながら僧侶が読経をし、法要を営み、修行をする神社となり、「伊豆権現《いずごんげん》」「走湯権現《そうとうごんげん》」（もしくは「伊豆山《いずさん》」「走湯山《そうとうさん》」）と呼ばれた。「走湯」または「走《はし》り湯《ゆ》」という名は、この地に古くからある横穴式の源泉に由来する。山肌から湧き出た湯が、海岸に向かって勢いよく走るように流れ落ちる様子からつけられた名である。しかも、この湯が病気治療や長寿に効験著しく、信仰の対象となった。海岸の近くに走り湯の源泉を守護する走湯神社《そうとうじんじゃ》があるが、かつてはその辺りが下宮《しものみや》、今の伊豆山神社が上宮《うえのみや》であった。伊豆権現は衆庶の崇敬を集め、社域も広大だったのである。

バスを下りると、山側に鳥居と参道の階段がある。階段の途中には、役小角《えんのおづぬ》を祭神とし、足の病に効験があるとされる足立権現社《あだちごんげんしゃ》、男女の縁結びに効験があるとされる結明神社《むすびみょうじんしゃ》がある。階段をのぼりきれば本殿である。さほど大きくはないが、伊豆山の深い緑を背景に、荘厳なたたずまいが印象的な社殿である。

本殿前の広場には「頼朝と政子の腰掛け石」がある。ふたりが座って愛を語り合った石であるという。駆け落ちを決行し、僧兵にかくまわれて危難をのがれたふたりが、しばらく伊豆権現に滞在したことは事実であり、境内のどこかで愛を誓い、将来の夢を語り合うこともあったのではないだろうか。

　ところで、「真名本」の『曽我物語』によれば、ふたりが逃げ込んだのは「伊豆の御山、密厳院《みつごんいん》の聞性坊《もんじょうぼう》の御所」であったという。現在は、本殿背後の伊豆山に僧侶たちの坊舎はない。北側の山道の途中に結明神本社、さらにその上に本宮（奥宮）の小さな社殿があるぐらいである。しかし、神仏習合が盛んであった時代、伊豆山は山岳修行の霊場で、多数の修行僧・僧兵が坊舎を構えていた。密厳院もそのひとつである。「聞性坊」は『吾妻鏡』治承四年（一一八〇）七月五日条にみえる「走湯山住侶文陽坊覚淵《もんようぼうかくえん》」のことを指す。頼朝の帰依を受けた僧侶である。密厳院はその覚淵が開いた院家で、伊豆権現の別当を輩出した。本殿の東側に伸びる山道をのぼった先、「斎藤別当実盛《さいとうべっとうさねもり》の墓」という史跡のある一帯が密厳院跡に比定されている。

伊豆権現（伊豆山神社）

　同じく「真名本」『曽我物語』巻第三には、ふたりが伊豆権現に参籠《さんろう》中、頼朝側近の安達盛長のみた霊夢を、大庭景義が「夢合《ゆめあわ》せ」してみせたという逸話が載っている。夢に出てきたさまざまな奇瑞から、景義は、遠くは三年のうち、近くは三カ月のうちに頼朝が本意を遂げ、東は奥州の果てである「外の浜」、西は平家を滅ぼして「鬼界が嶋」に至るまで支配するようになる、と予言したという。

　むろん、これは頼朝が平家を滅ぼし、幕府を樹立した後に作られた説話に過ぎない。しかし、舞台が伊豆権現であるということは、また別の意味で重要である。幕府の創設者である頼朝と伊豆権現との緊密な結びつき、頼朝の伊豆権現に対する崇敬が、鎌倉期の人々にとってきわめて当然の、既定の事実と認識されていたことをうかがわせるからである。

　実際、頼朝は伊豆権現を、箱根権現とともに「二所《にしょ》権現《ごんげん》」と称して重視し、ふたつの権現に参詣する「二所《にしょ》詣《もうで》」を行った。頼朝没後、「二所詣」は将軍の行うべき重要な公式行事になった。しかし、箱根権現を訪ねる前に、「山木攻め」後の頼朝の軌跡、まず生涯最大の危機「石橋山合戦」の旧跡を訪ねなくてはならない。

生涯最大の危機の地「石橋山」

神奈川県小田原市石橋および神奈川県足柄下郡湯河原町鍛冶屋

【交通】ＪＲ東海道線早川駅からバス（湯河原方面行き）に乗車八分。石橋で下車。

ＪＲ東海道線湯河原駅からバス（元箱根方面）に乗車二五分。ししどの窟《いわや》で下車。

　ＪＲ東海道線の早川駅で降り、バスに乗るかタクシーを拾おう。バスならば、国道一三五号線を真鶴・湯河原方面に一〇分ほど行った「石橋」という停留所で降り、国道から斜めに伸びる側道のような細い坂道を上る。ただし、バスの本数がきわめて少ないので、タクシーに乗ることをお勧めしたい。タクシーならば、急な坂道も上ってくれるはずである。

　坂の上にある、東海道線の線路をまたぐ陸橋を渡ると、道が二股に分かれている。斜面にミカン畑が広がり、相模湾も一望できるこの一帯が、県指定の史跡「石橋山合戦古戦場」である。道の傍らに石碑が立っている。陽光の降り注ぐ緑豊かな景色からは、かつてここで血なまぐさい戦闘が繰り広げられたとは想像もできない。

　石碑の立つ道を上っていこう。少し行くと「佐奈田《さなだ》霊社《れいしゃ》」の標識がみえる。ここそ俣野景久《またのかげひさ》との死闘の末に討死《うちじに》した佐奈田与一義忠《さなだのよいちよしただ》を祀る神社である。階段を上り、質素な本殿や県指定の史跡「与一塚」に手を合わせたい。境内の端からは陽光にきらめく相模湾の海が見渡せる。「延慶本」の『平家物語』は、与一が景久と組み合ったまま上になり、下になりながら坂を転げ落ち、もう少しで海に落ちるところであったと叙述している。佐奈田霊社に立つと、戦闘の場が海辺近くの勾配のきつい斜面であったことがよくわかる。

佐奈田霊社　与一塚

　境内からは下におりる細く急な階段が伸びている。階段をおりたところで右に進むと、与一の忠実で勇敢な郎等、文三家安《ぶんぞういえやす》を祀る文三堂がある。佐奈田霊社よりもはるかに小さな社は、生涯、与一に尽くし、主人が討死すると、その後を追うように戦って散っていった文三の生き様を髣髴《ほうふつ》させる。

　石橋山の古戦場を見学したら、大敗を喫した頼朝が命からがら逃げ込んだ土肥《どひ》の椙山《すぎやま》を訪れてみたい。再びJR東海道線に乗り、湯河原駅で降りよう。駅前から出ている元箱根方面に向かうバスに乗り、県道七五号線を通って「椿ライン」という山道に入り、つづら折りの坂道を上って「ししどの窟《いわや》」という停留所で降りる。ただし、バスの本数がきわめて少なく、帰りにバスを使うことが難しいので、タクシーもしくは自家用車の利用をお勧めしたい。車ならば、湯河原駅から県道七五号線を一〇分ほど行った「奥湯河原入口」という分岐点で右折して椿ラインに入り、急勾配の山道を一二～一三分ほど上れば「ししどの窟」である。ちょっとした広場があるので、ここに駐車し、標識に従って五分ほど歩く。その先の細いトンネルを抜けると、「ししどの窟入口」という場所に出る。

　「ししど」とは、「鵐《ししど》」という字を書くホオジロの一

椙山ししどの窟

種である。「鵐《ししど》の窟《いわや》」という名は、大庭景親が頼朝の隠れている窟をのぞいたところ、中から鵐が飛び出してきたので、ここには誰もいないと思って立ち去ったという伝承に由来する。

幅一メートル弱の急勾配の下り坂があるので下りていこう。両側に燈籠や石仏が立つこの坂は、簡易舗装はされているものの、まるで山奥に分け入っていく獣道《けものみち》か何かのように曲折しながら四〇〇メートルも続く。周囲は鬱蒼《うっそう》とした山林で、昼間でも明るさはあまりない。足腰の疲労に耐えながらしばらく下ると、頼朝が身を潜めたという「鵐の窟」に着く。窟の口は、幅七〜八メートル、高さ五メートルほどである。奥に向けて盛り土がしてあり、奥行きはさほどないが、石仏や塔が三〇余り漫然と置かれている。また、窟の上は絶壁で、雨の多い季節にはここを伝って細い滝のように山水が流れ落ちてくる。蜘蛛の巣でも張っていようものなら、山に生息する獣か、厳しい山岳修行に明け暮れる修行僧しか立ち寄らないような岩窟である。こうした場所に逃げ込んだ人物を見つけ出すのは至難の業であろう。頼朝が逃げおおせることができたのもわかるような気がする。

坂道を上って「ししどの窟」停留所に戻ろう。周囲を見渡すと、椙山がいかに険阻な山であるか、あらためて実感する。ここから「椿ライン」をさらに上り、峠を越えて芦ノ湖方面に下っていくと箱根神社、かつての箱根権現に行きつけるが、舗装された道路を車で走っても三〇分はかかる行程である。頼朝が箱根権現に身を寄せたという『吾妻鏡』の記述は、やはり現実的ではない。椙山の山中に隠れて過ごし、機をみて湯河原・真鶴方面に下ったとみるべきであろう。では次に、頼朝・実平らが再起を期した地を訪ねてみたい。

頼朝を支えた土肥実平の本拠地「土肥郷」

神奈川県足柄下郡湯河原町

【交通】ＪＲ東海道線湯河原駅から徒歩一〇分。

「ししどの窟」停留所から、再び椿ラインを通って湯河原駅まで下ってこよう。駅前から斜めに伸びる側道のようなゆるやかな坂道を上り、突き当りを左折して東海道線の線路の下をくぐるトンネルを抜ける。坂を少し上ると、左手に土肥郷すなわち現在の湯河原町一帯の領主で、頼朝を再起に導いた土肥実平と、その一族の菩提寺「城願寺《じょうがんじ》」がある。

参道の階段を上ると、樹齢八〇〇年、樹高二〇メートルに及ぶ巨大なビャクシンが参詣者を迎えてくれる。幹が大きくねじれ、枝葉を豊かに茂らせた古木は実平の手植えとも伝えられ、国の天然記念物に指定されている。ビャクシンの偉容を拝しつつ境内に入ると、左手に鐘楼と「伝頼朝腰掛け石」の史跡が、そして正面に本堂がみえる。本堂の左側一帯は、現在も使用されている墓地である。

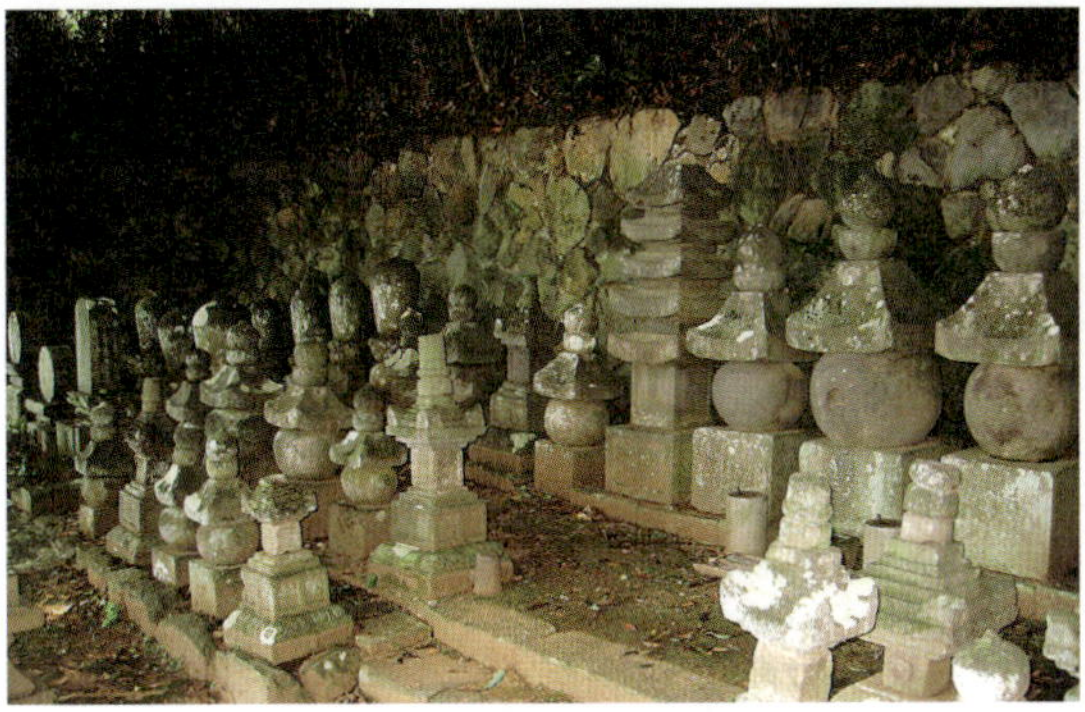

城願寺　土肥一族の墓所

墓石の間を抜って左奥の一角まで行くと、県指定の史跡「土肥一族の墓所」がある。石段を上り、木々や石垣に囲まれた区画に入ろう。所狭しと、五〇基にも及ぶ石塔が並んでいる。五輪塔《ごりんとう》・宝《ほう》篋印塔《きょういんとう》・多層塔など、大きくはないものの多種多様な石塔がそろっていて壮観である。

そのうち正面の四

つの五輪塔が実平とその妻、実平嫡子の遠平《とおひら》とその妻のものと伝えられている。

『平家物語』は、土肥郷が祐親に焼き討ちされても、「土肥ニ三ノ光アリ」と謡い舞ったという実平を描いている。『吾妻鏡』や「真名本」『曽我物語』における実平の評価も高い。逆にいえば、それほど人徳のある武士であり、領主であったということである。頼朝はその実平に支えられて椙山での潜伏を続け、その導きで土肥郷に下り、真鶴岬から安房に渡って再起を果たしたのであった。その再起の地、真鶴・安房を訪ねてみよう。

再起の地「真鶴・安房」

神奈川県足柄下郡真鶴町
【交通】ＪＲ東海道線真鶴駅からバス（三ツ石方面行き）に乗車八分。魚市場前で下車。
ＪＲ東海道線真鶴駅からバス（岩方面行き）に乗車七分。岩海岸で下車。
千葉県安房郡鋸南町竜島
【交通】ＪＲ内房線安房勝山駅から徒歩一五分。

ＪＲ東海道線湯河原駅からひとつ東京よりの真鶴駅に移動する。駅前からまっすぐに伸びる道を下っていこう。バスならば三ツ石方面行きで七〜八分、真鶴漁港沿いの「魚市場前」という停留所で降りる。ゆるやかな下り坂なので徒歩でも問題はない。二〇分ほどで着く。新鮮な魚料理の食事処が何軒もあり、潮の香りが食欲をそそる。

停留所付近の陸側は緑におおわれた絶壁になっている。その絶壁の下部、岩の露出した部分に格子状の木組みで入り口がふさがれた小さな岩窟がみえる。これが真鶴の「鵐《しとど》の窟跡《いわやあと》」である。頼朝・実平らが岩窟に身を隠したという伝承は真鶴にも残っていたのである。残念ながら、地震や漁港建設のための埋め立てによって窟自体は崩れ、往時の姿をみることはできない。鵐の窟「跡」

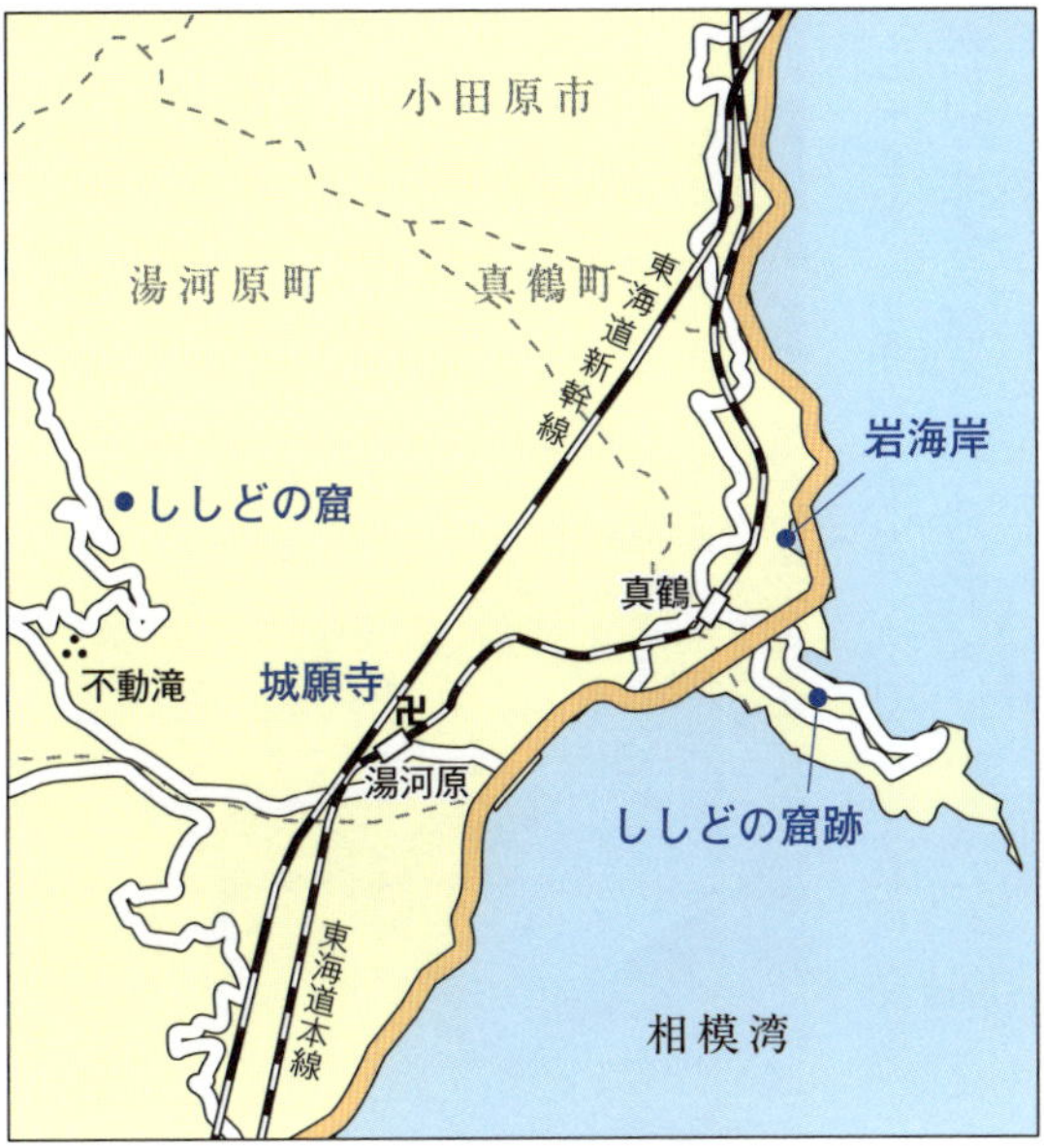

湯河原・真鶴周辺図

と呼ばれるのもそのためである。

土肥の椙山と真鶴の「鵐の窟」。頼朝が隠れたのはどちらだったのか。昭和初期にはふたつの町の間で論争が起きたという。しかし、生涯最大の危機に直面した数日間、頼朝は追跡の手を逃れるため各所に身を潜めたのではなかったか。椙山の険しい山中にも、渡海しようとやってきた真鶴にも、そうした場所はあったに違いない。その姿を目撃した人々、その風聞を耳にした人々が地元の伝承として語り伝え、やがてそれが史跡となっていったのであろう。どちらが本物かではなく、頼朝がどれほど窮地に立たされ、死を覚悟するまでに追いつめられたのかということにこそ思いをはせたい。

ともあれ、追跡をかわした頼朝は安房に向けて船を出すことに成功した。その浜が真鶴の岩海岸《いわかいがん》である。いったん真鶴駅に戻り、岩方面行きのバスに乗って海岸をめざそう。真鶴町役場の前を通り、坂道を下っていくと、青々とした入り江と海をまたぐ「岩大橋」がみえてくる。「岩海岸」という停留所で降りよう。徒歩でも駅から二〇分弱である。

岩海岸は、現在、海水浴場になっており、夏には海水浴客でにぎわう。波が静かで、小船を漕ぎ出すのに適した入り江ということである。相模湾岸の土肥郷の領主であり、海の武士団でもあった実平ならではの選択といえる。ただ、現在は真鶴岬から房総半島に渡る船便はない。渡海している気持ちだけを胸に陸路で安房に向かおう。

『吾妻鏡』治承四年八月二九日条によれば、頼朝は「安房国平北郡の猟嶋」に到着したという。「猟嶋《りょうしま》」は、現在の千葉県安房郡鋸南《きょなん》町の竜島《りゅうしま》のことである。JR内房線で房総半島を南下し、安房《あわ》勝山《かつやま》駅で下車しよう。駅前の道をまっすぐ進み、県道一二七号線に出たら右折し、勝山交番の辺りで海岸に向かう直線道路に入る。ここを進めば、ほどなく勝山海水浴場に出る。眼前には紺碧の海が広がり、空からは陽光がさんさんと降り注ぐ。海水浴客でにぎわう浜辺を左手にみながら北に進むと、棕櫚と石垣のある一角に出る。ここが県指定の史跡「源頼朝上陸の地」である。石碑や紹介の案内板が立っている。

真鶴ししどの窟跡

　危機を脱し、石橋山から遠く離れたこの浜辺に上陸した頼朝の胸中は、いかなるものだったのであろうか。『吾妻鏡』八月二九日条には、北条時政以下の人々が頼朝を拝み迎え、数日の鬱念が一時に散開したと記されている。北条氏・三浦氏と合流した頼朝は、洲崎《すのさき》神社に参拝した後、北上する。そして、千葉常胤・上総広常を従え、武蔵の武士団をも糾合して鎌倉に入る。まさに奇跡的な再起であった。では、頼朝の勝利と成功を象徴する地「鎌倉」に入ろう。

勝利と成功の地「鎌倉」①
—ふたつの八幡宮—

神奈川県鎌倉市材木座および雪ノ下

【交通】JR横須賀線鎌倉駅下車。

ＪＲ横須賀線の鎌倉駅で下車し、東口の駅前広場をまっすぐ進むと若宮大路に出る。由比ヶ浜から鶴岡八《つるがおかはち》幡宮《まんぐう》に至る参詣道である。『吾妻鏡』によれば、治承四年一〇月六日に鎌倉入りした頼朝は、翌七日、鶴岡八幡宮を遥拝したという。ただし、これは雪ノ下に鎮座する鶴岡八幡宮ではなく、頼朝の祖先 源 頼義《みなもとのよりよし》が由比郷に建立した「鶴岡由比若宮《つるがおかゆいわかみや》」いわゆる元八幡宮《もとはちまんぐう》である。では、まず元八幡宮から訪ねてみよう。

若宮大路を由比ヶ浜方面に進み、横須賀線の高架をくぐる。「下馬《げば》」という大きな交差点のひとつの先の交差点を、歩道橋の手前で左折する。滑川を渡り、突き当りを右折すると、少し先に斜め左に入る道がある。そこを行けば京急バスの「元八幡」という停留所がある。左に入る細い道の奥にあるのが元八幡宮である。

こんもりと木々が茂った中に、さほど大きくない朱塗りの鳥居が立っている。傍らに国指定の重要文化財であることを示す標識があるが、境内も社殿も驚くほど小さく質素である。一一世紀の後半、頼義が建立し、その子義家《よしいえ》が修復した社であるが、一二世紀後半に頼朝が鎌倉入りした時にはかなり衰微していたと思われる。しかし、祖先が建てた源氏の氏神《うじがみ》を祀る社である。『吾妻鏡』治承四年一〇月一二日条に、「祖宗を崇めんがため、小林郷の北山を点じ、宮廟を構え、鶴岡八幡宮をこの所に遷し奉る」と記されているように、頼朝は鎌倉入りの六日後には「祖宗《せんぞ》」を崇めるため、「小林郷の北山」すなわち現在地に遷座することを決めたのである。では、その鶴岡八幡宮に参詣しよう。

元八幡宮

若宮大路に戻り、駅の方角に進んでいくと、大きな朱塗りの鳥居がみえてくる。二の鳥居である。このあたりから「段葛《だんかずら》」が始まる。石堤を築いて盛り土をし、周囲の道より一段高く造った参道である。

境内前の三の鳥居までまっすぐに続く段葛の上を、両脇に植えられた木々の緑を味わいながら歩いていこう。

段葛の終点は、東西に伸びる道と直行する交差点になっている。東西の道はかつての横大路《よこおおじ》である。交差点を渡って三の鳥居をくぐると、太鼓橋と池がある。橋の右側（東側）が源氏池、左側（西側）の小さめの池が平家池である。『吾妻鏡』によれば、頼朝は文治三年（一一八七）八月一五日から鶴岡放生会《ほうじょうえ》を始めたという。放生会とは、仏教の殺生禁断の教えに基づいて、捕えた魚鳥を解き放つ法会《ほうえ》で、この源平池に魚が放された。

太鼓橋の先は石畳と玉砂利の参道である。砂利を踏みしめつつ歩いていくと、直行する広めの道、流鏑馬《やぶさめ》馬場に出る。流鏑馬とは、騎馬武者が、疾走する馬上から方形の的をねらって次々と矢を射る武芸である。文治三年から五年までは八月一五日に行われたが、建久元年（一一九〇）以降、放生会の翌一六日の実施が恒例となった。現在は、九月一五日の例大祭の翌日、九月一六日にたくさんの観光客が見守る中で行われている。

流鏑馬馬場を過ぎると舞殿《まいどの》である。舞殿は、鎌倉に召された静御前が、頼朝・政子夫妻や御家人たちの前で、義経を恋い慕う白拍子舞を披露した舞台である。周囲に群参した物見高い武士たち、烏帽子《えぼし》をつけて舞う静、悲しくも美しい歌声、雅やかな鼓の音、過ぎ去った歴史の一場面がよみがえってくる。

舞殿の右奥には国指定の重要文化財である若宮がある。鎌倉入り後、頼朝が由比から遷座した鶴岡若宮はこのあたりに建てられたと思われる。しかし、建久元年（一一九〇）に火災で焼失したため、あらためて裏山に石清《いわし》水《みず》八幡宮《はちまんぐう》を勧請《かんじょう》して上宮《うえのみや》とし、再建した方の若宮を下《しもの》宮《みや》とした。若宮の左手にある堂々とした石段を上れば上宮である。

以前は石段の左脇に、樹齢八〇〇年ともいわれる大《おお》銀杏《いちょう》が立っていた。三代将軍実朝を暗殺した公暁《くぎょう》が身を隠したという「隠れ銀杏」である。しかし、二〇一〇年三月、樹齢を重ねた大銀杏は強風にあおられて根元から倒れてしまった。すぐに再生作業が施され、今は根の中から新たな芽がふき出で、少しずつ成長を続けている。

大銀杏の再生に期待を寄せながら石段を上ろう。重厚な構えの楼門《ろうもん》をくぐると、上宮の壮麗な本殿である。この本殿はもちろん、楼門内の幣殿《へいでん》・拝殿《はいでん》・回廊《かいろう》すべて

鶴岡八幡宮上宮（楼門）

が国の重要文化財に指定されている。また、西側の回廊は宝物殿として使用されており、県指定の重要文化財を含む工芸品・刀剣など、百数十点の宝物が展示されている。

上宮に参詣したら、石段を下りて参道に戻り、左に折れて流鏑馬馬場に入ろう。馬場を少し行くと左手に鎌倉国宝館がみえる。国宝の「蘭渓道隆《らんけいどうりゅう》自賛像」「当麻曼《たいままん》茶羅縁起《だらえんぎ》」「籬菊螺鈿蒔絵硯箱《まがききくらでんまきえすずりばこ》」、国の重要文化財「弁《べん》財天《ざいてん》像」「地蔵菩薩像」「北条時頼《ほうじょうときより》像」や、「鶴岡社務記録」のような記録、「鶴岡八幡宮修営目論見絵図《もくろみえず》」のような絵図など、貴重な宝物が数多く展示されている。ぜひとも見学しておきたい。

勝利と成功の地「鎌倉」②
―大倉幕府とふたつの大寺院―

神奈川県鎌倉市雪ノ下および二階堂
【交通】 ＪＲ横須賀線鎌倉駅下車。

鎌倉国宝館の見学を終えたら、境内東側の門から外に出よう。門の傍らに「畠山重忠《はたけやましげただ》邸跡」という石碑が立っている。重忠は武蔵の武士団の代表格で、頼朝の鎌

大倉幕府周辺図

倉入りには先陣をつとめ、静の舞では銅拍子《どびょうし》を演奏するなど、文武両道に秀でた武士であった。その重忠が鎌倉に来た時に用いる宿所がここだったのである。しかし、この場所は八幡宮の東の脇というだけではなかった。

重忠邸の石碑の脇を通り過ぎ、横浜国立大学附属鎌倉小学校・中学校の周囲を回って道なりに進もう。二回ほど左折・右折を繰り返すと十字路に出る。清泉小学校の南西の隅にあたる十字路である。ここに「大蔵幕府旧跡」という石碑が立っている。このあたり一帯が頼朝の開いた大倉（大蔵）幕府であり、将軍御所があった場所なのである。

つまり、先の重忠邸は幕府の南西の端にあたっていたのである。その南側、横大路に至る敷地には政所があり、政所の西から南にかけて北条義時の小町邸が建っていた。また、重忠邸の北側、今の横浜国大附属小・中学校の敷地あたりに幕府の西御門《にしみかど》があり、付近には三浦義《よし》村《むら》邸があった。幕府旧跡の石碑のある十字路を北に行けば、後述する頼朝の墓所法華堂《ほっけどう》があった。また、十字路を南に行けば横大路、現在の県道二〇四号線（金沢街道）に出る。その南側が大江広元《おおえのひろもと》邸であった。このように、幕府の周囲には有力御家人が宿所・邸宅を構えていたのである。

一方、清泉小学校の南側の道を東に進み、突き当りを左に折れると、幕府の「東御門《ひがしみかど》」を示す石碑が立っている。ここが大倉幕府の東端である。その「丑寅《うしとら》」すなわち東北の方角には、今も荏柄天神社《えがらてんじんしゃ》が鎮座している。

「丑寅」は、陰陽道《おんみょうどう》では鬼が出入りする、いわゆる「鬼《き》門《もん》」であり、忌むべき方角とされていた。つまり、幕府の鬼門には日本三天神のひとつ荏柄天神社が鎮座し、鬼の邪気から幕府を守護していたのである。

なお、これらの旧跡は『吾妻鏡』をはじめとした諸文献から、その場所を比定したものであり、現在は石碑が立っているぐらいである。しかし、自分自身の足で順々に石碑を訪ね、想像の翼を広げることによって、気持ちだけでも頼朝の時代にタイムスリップすることができるのではないだろうか。

その可能性を信じて、今は跡形もなくなったふたつの大寺院の旧跡を訪ねてみよう。頼朝が亡父義朝の菩提を弔うため六浦道の南に建立した勝長寿院《しょうちょうじゅいん》と、奥州合戦後、平泉の二《に》階《かい》大堂《おおどう》大長寿院《だいちょうじゅいん》を模して、荏柄社のさらに丑寅の方角「鬼門」に建立し、幕府を邪気から守る機能も備えていた永福寺《ようふくじ》である。

「大蔵（倉）幕府旧跡」の石碑から南に進み、金沢街道に出て左折すると「岐《わか》れ路《みち》」という信号がある。信号を渡って南に向かう小道に入り、「関取橋」という小さな橋を渡ると「文覚上人《もんがくしょうにん》屋敷跡」という石碑がある。後白河に平家打倒の院宣《いんぜん》を出させ、頼朝に挙兵を迫った怪僧、文覚の屋敷があったとされる場所である。そこから道を左に折れ、すぐに右折して狭い道を進むと、左脇の木陰に「勝長寿院旧跡」という石碑がみえる。このあたり一帯が勝長寿院の境内だったのである。ただし、往時の面影はまったくない。多数の御家人が参集し、三井寺から導師として高僧公顕が招かれた落慶供養のにぎわいは、もはや想像の翼にゆだねるしかない。

荏柄天神社

永福寺跡碑

「岐れ路」の信号に戻り、斜めに伸びる道に入ろう。しばらく歩いていくと、鎌倉宮の所在を示す案内が出てくる。明治天皇が、後醍醐天皇の皇子護良親王《もりよししんのう》（大塔宮《おおとうのみや》）を祀るために建てた社である。道から少し左に入ったところに白くて大きな鳥居がある。

元の道に戻り、小川沿いに進むと左側にテニスコート、その先に開けた平坦地がみえてくる。ここが永福寺の境内だった地である。「永福寺旧跡」という石碑と、鎌倉市教育委員会が平成一三年に設置した「国指定史跡・永福寺跡」という案内板がある。そこには、昭和五六年以降の発掘調査をもとに作成された永福寺の復元平面図が示されている。東を正面に中心となる二階堂が建ち、北側の薬師堂、南側の阿弥陀堂というふたつの脇堂、この三堂が回廊で結ばれるという構造であった。その全長は南北一三〇メートルにも及び、正面すなわち東側に南北一〇〇メートル以上の広大な池が造られていた。二階大堂大長寿院を模して造営されたことが、発掘調査によって裏づけられたわけである。現在は史跡公園として整備が進められつつあるが、復元図をみれば、往時の繁栄を想像することも可能であろう。

ところで、永福寺のモデルとなった二階大堂大長寿院は平泉にあった。奥州合戦に勝利して「天下落居」を成し遂げた頼朝に、二階建て堂宇の建立を思い立たせるほど、平泉には壮麗な寺院群があったということである。では次に、清衡・基衡・秀衡が三代にわたって繁栄を築き、泰衡の代で頼朝に滅ぼされた奥州藤原氏の都、平泉を訪ねてみよう。

天下落居の地「平泉」

岩手県西磐井郡平泉町
【交通】東北本線平泉駅下車。

周知のごとく、平泉の寺院および遺跡群は、東日本大震災という未曽有の災害に見舞われた三ヶ月後の二〇一一年六月、「平泉―仏国土（浄土）を表す建築・庭園及び考古学的遺跡群―」という名でユネスコの世界文化遺産に登録された。これは東北の復興に多大なる勇気と希望を与える出来事であった。世界遺産を構成する資産は、中尊寺と覆堂《おおいどう》（金色堂《こんじきどう》）・経蔵《きょうぞう》、毛越寺《もうつうじ》、観自在王《かんじざいおう》院《いん》跡、無量光院《むりょうこういん》跡、および金鶏山《きんけいざん》である。

清衡が創建した中尊寺は、康永二年（一三三七）の火災で金色堂以外の多くの伽藍を失った。現在の経蔵は中世後期の再建、本堂は一九〇九年の再建である。基衡が建立した毛越寺も、嘉禄二年（一二二六）の火災で焼け、天正元年（一五七三）には戦火で完全に焼失した。本堂は、一九八九年、平安様式に則って再建されたものである。しかし、一九五四年以降の発掘調査によって、諸堂宇の礎石が良好な状態で遺存していること、毛越寺のシンボルであった浄土庭園の遺構も旧態をよく伝えていることが判明した。

毛越寺に隣接する観自在王院は天正元年の戦火で焼失し、再建されることはなかった。ただ、昭和の発掘調査と修復事業によって庭園が復元された。また、秀衡が宇治の平等院鳳凰堂を模して建立した阿弥陀堂の無量光院も、度重なる火災で焼失し、再建されることがなかった。発掘調査によれば、規模は平等院をしのぐもので、本堂背後の金鶏山に夕日が沈むのを、庭園から眺めることができるよう設計されていたという。

このように、遺跡となった箇所の多い平泉であるが、頼朝が侵攻した文治五年（一一八九）当時はどうであったのか。『吾妻鏡』文治五年八月二二日条によれば、頼朝は「申《さる》の刻《こく》」すなわち午後四時ごろ、甚だしい雨の中、泰衡の「平泉の館《たち》」に着いたという。泰衡が逃亡する際に火を放ったので、藤原氏が代々政庁として用いてきた館は灰燼に帰していた。寂寞として人の姿もなく、戦火で荒れ果てたという印象であった。

しかし、『吾妻鏡』同年九月一七日条には、中尊寺の経蔵別当である心蓮大法師、毛越寺の住僧源忠已講《いこう》らが、頼朝の求めに応じて提出した「清衡已下三代造立の堂舎の事」という文書が引用されており、当時の状況がわかる。「寺塔已下の注文に曰く」に始まるこの文書は、「関《かん》山《ざん》中尊寺の事」「毛越寺の事」「無量光院〈新御堂《しんみどう》と号す〉の事」「館《たち》の事〈秀衡〉」など、平泉の寺社や居館、行事などについて詳しく記した「寺塔注文《じとうちゅうもん》」である。これを読んで信心を催した頼朝は、寺領を寄附するとともに、地頭に違法行為をさせないことを約し、衆徒たちに祈祷に励むよう命じた。これを知って衆徒たちは寺院に留まる決意を固めたという。つまり、頼朝が平泉に入った時、平泉の館と呼ばれる藤原氏歴代の居館は焼失していたが、中尊寺・毛越寺などの伽藍と僧侶たちは戦火を免れていたのである。

「寺塔注文」は、中尊寺の中央に「多宝寺《たほうじ》」があり、「大長寿院と号する」「二階大堂」や「金色堂」など「寺塔四十余宇、禅坊三百余宇」があったと記している。毛越寺は「堂塔四十余宇、禅坊五百余宇」で、中尊寺より規模が大きかった。また、「平泉の館」は「金色堂の正方、無量光院の北に並べて」建てられていたという。ここも発掘調査が進み、現在は「柳之御所遺跡」となっている。これらの情報を頭に入れて平泉を回ろう。

まず、駅正面の最初の信号を右折して県道一一〇号線に入り、東北本線の踏切を渡る。その先を右折して北上川に向かう県道二〇六号線を少し行くと、左手に柳之御所遺跡の平坦地がみえてくる。出土品や復元模型などを展示する資料館があるので見学しよう。

県道一一〇号線の方に戻って右折すると左手に無量光院跡がある。「平泉の館」すなわち柳之御所は無量光院の北に並ぶように建っていたとする「寺塔注文」の記載通りである。道なりに進み、「高館《たかだち》・義経堂《ぎけいどう》」の標示のある坂道を上れば、泰衡に襲われて自害した義経の衣川の館とされる場所に出る。北上川を見下ろす高台に義経をしのぶ「義経堂」がある。ただし、近年の研究では、衣川の館はもっと北の接待館遺跡にあったとされている。

坂を下って元の道に戻り、再度、東北本線の踏切を渡ると中尊寺門前に出る。勾配のきつい参道を上ると右手に本堂、その先に金色堂を囲う覆堂がある。金色堂は大きくはないが、贅美を尽くしたその華麗さに圧倒される。正面が清衡壇、向かって左に基衡壇、右に秀衡壇がある。清衡壇の正面は真東ではなくやや南東にずれている。これを延長していくと柳之御所遺跡の近くに達する。「寺塔注文」が、平泉の館は「金色堂の正方」にあると記していたのは、このことを指していると考えられる。逆にいえば、平泉の館に住む清衡たちは、毎日、正面から金色堂を遥拝することができたということである。

無量光院跡

　金色堂の覆堂を出て、順路通りに経蔵を見学し、天神堂の前を通って下り坂に出ると、左手に「大長寿院」という表札を掲げた門がみえる。しかし、この大長寿院は永福寺のモデルになった二階大堂ではない。かつての大長寿院は、発掘調査の結果などから、金剛院・大日堂の裏の大池周辺遺跡にあったのではないかとされるが、詳細は不明である。

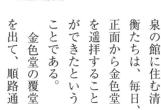

　では最後に、毛越寺に向かおう。平泉駅に戻り、駅正面の広い道をまっすぐ一五分ほど歩くと毛越寺の門前である。門を入った正面に、再建された本堂、その右側に発掘調査を経て復元された浄土庭園がある。緑の芝と樹木に囲まれて大きな池がゆったりと広がり、その周囲に、礎石がはっきりと確認できる講堂跡・金堂跡・鐘楼跡・経楼跡・常行堂《じょうぎょうどう》跡・法華堂跡などがある。また、江戸期に再建された常行堂では、毎年正月二〇日に古式常行三昧の修法《しゅほう》が行われ、国の重要無形民俗文化財に指定された「延年《えんねん》の舞《まい》」の奉納がある。

　こうして回ってみると、平泉がまさしく「仏国土（浄土）を表す建築・庭園及び考古学的遺跡群」であることがわかる。頼朝は、そのひとつ大長寿院を模して永福寺を建立し、戦乱で命を落とした人々の魂を鎮めて世の安穏を実現しようとした。国土安泰・五穀豊穣を神仏に祈願するのは統治者の責務だったからである。箱根権現・伊豆権現に参詣する「二所詣《にしょもうで》」もまた、そうした責務を果たす行事であった。伊豆権現にはすでに足を運んだので、次には箱根権現を訪ねてみよう。ここは曽我兄弟ゆかりの地でもある。

二所詣と曽我兄弟ゆかりの地
「箱根権現」

神奈川県足柄下郡箱根町元箱根
【交通】小田急線箱根湯本駅からバスに乗車三〇分。「曽我兄弟の墓」などで途中下車。

小田急線の箱根湯本駅から元箱根《もとはこね》方面行きのバスに乗って、箱根権現（現在の箱根神社）をめざそう。バスはあっという間に温泉街を抜け、車体を大きく揺らしながらヘアピンカーブの続く山道に入る。車窓には急傾斜の峰にうっそうと茂った木々、深くえぐれた谷が次々と姿を現し、思わず遠足気分になる。いくつかある停留所の近辺には、温泉施設の充実した旅館・ホテルが立ち並ぶ。この道は箱根駅伝のコースでもある。箱根登山鉄道の踏切を渡り、強羅《ごうら》・大涌谷《おおわくだに》方面との分岐点で元箱根方面に進む。

曾我兄弟の墓

「芦の湯」停留所を過ぎて少し行くと、左脇に三基の五輪塔がみえる。「曽我兄弟の墓」である。同名の停留所で途中下車して見学しよう。近くまで行くと、台座部分を含めて二メートル半に及ぶ巨大な五輪塔であることがよくわかる。『曽我物語』によれば、弟の幼名「箱王《はこおう》（筥王《はこおう》）」は「箱根」から取った名であるという。敵討ちの真似事をする兄弟を危ぶんだ母によって箱王は箱根権現に入れられ、僧侶になる修行をさせられた。ところが、二所詣の頼朝につき従って箱根に来た仇敵《きゅうてき》工藤祐経と対面し、敵討ちへの思いを抑え切れなくなり、下山して元服し、富士野で本望を果たすことになる。いわば、二所詣が曽我兄弟を敵討ちに向かわせる契機となったのである。

曽我兄弟の墓は、鎌倉末期、物語をよく知る箱根の人々が、兄弟と、兄十郎祐成《すけなり》の恋人大磯《おおいそ》の虎《とら》をしのんで立てた供養塔である。墓といっても遺骨が納められているわけではない。この一帯は「元箱根石仏・石塔群」という国指定の史跡公園になっており、他にも「伝多田満《でんただみつ》仲《なか》の墓」「八百比丘尼《びくに》の墓」「二十五菩薩」「応長《おうちょう》地蔵」「六道《ろくどう》地蔵」などがある。歩いて回れる範囲なので見学したい。

平和の鳥居

曾我神社

再びバスに乗って元箱根で下車しよう。芦ノ湖畔に朱塗りの「平和の鳥居」がみえる。湖畔を歩き、杉並木の参道を行くと、注連縄《しめなわ》を張った杉の巨木がある。戦勝祈願に鏑矢《かぶらや》を射立てる「矢立《やたて》の杉《すぎ》」である。右手にある階段を上ろう。中ほどの左側に曽我兄弟を祀った曽我神社、上りきると荘厳な構えの本殿である。かつては背後の山に修行僧や僧兵たちの坊舎があり、山岳修行の霊場であった。二所詣に来た頼朝もここで国土安泰を祈願したのである。しかし、その治世を脅かす事件が起きた。富士の裾野いわゆる富士野での巻狩中に起きた曽我兄弟の敵討ち事件である。では、富士野に向かうことにしよう。

巻狩と敵討ちの地「富士野」

静岡県富士宮市井出

【交通】ＪＲ東海道線富士駅でＪＲ身延線に乗り換えて二〇分。富士宮駅で下車。バス（白糸の滝・朝霧高原方面行き）に乗車三五分。狩宿下馬桜入口で下車。

ＪＲ富士宮駅の北口からバスに乗り、富士山を御神体とする浅間大社《せんげんたいしゃ》の前を通って県道四一四号線に入る。カーブの少ないゆるやかな上り坂の右手前方には、富士山の美しくも堂々たる姿がみえる。神々しさすら感じさせる偉容である。二〇一四年、富士山と三保の松原はユネスコの世界文化遺産に登録された。富士の霊峰が、日本人の歴史・文化に多大な影響を与えたことを世界が認めたのである。人々が歓喜にわいたことも記憶に新しい。

頼朝もまた、富士の歴史・文化につながりを持つひとりである。流人時代、伊豆の蛭ヶ小島から富士の高嶺を眺めつつ、その先にある都や、源氏再興の将来を思い描いたのではないかということは、挙兵の地「北条」の項で述べた。その後、平家を打倒し、天下落居を実現して征夷大将軍に任官した頼朝は、今度は実際に富士の麓まで赴くことになった。軍事政権の首長として、その権威・権力を誇示するため、建久四年（一一九三）五月、大規模な巻狩を主催したのである。富士の裾野に広がる原野には、おびただしい数の鹿や猪が生息していた。富士野は東国一、いや日本一の狩場《かりば》だったのである。

県道四一四号線のゆるやかな坂道を一五～六分も上れば、周囲は人家もまばらな田園地帯となり、その先には果てしなく続くような樹海が広がっている。『曽我物語』には「伏木曽我」と呼ばれる場面がある。狩場で敵の祐経を探していた十郎祐成が、思いもかけず夏草の茂みから鹿を追って飛び出してきた祐経に驚き、馬の前足をツツジの根にひっかけて転び、絶好の機会を逃してしまうという話である。開発などが行われていなかった鎌倉時代、富士野には騎馬武者の姿をも隠すほど背の高い草木が一面に生い茂っていたのであろう。

頼朝は、狩りの間に滞在する屋形の設営のため、駿河守護の北条時政を富士野に先乗りさせた。その屋形があったと伝えられる地が「狩宿《かりやど》」である。「狩宿下馬桜《かりやどげばざくら》入口」という停留所でバスを降りよう。停留所から西に向かう道を進むと潤井川に出る。「駒止橋《こまどめばし》」という橋を渡って左に行くと大きな桜の老木がみえてくる。「狩宿の下馬桜」またの名を「駒止めの桜」という国の特別天然記念物である。のどかな田園風景が広がるこの地で、頼朝たちは駒を止めて下馬し、設営された屋形に宿りつつ狩りを楽しんだのである。

狩宿の下馬桜

曾我八幡宮

しかしまた、ここは曽我兄弟が五月二八日の深夜、祐経の屋形に押し入って斬殺し、自らも二二歳・二〇歳の若い命を散らした敵討ちの地でもある。駒止橋に戻って渡り、左折して川沿いの道を県道四一四号線まで歩いていこう。県道を渡ってやや左にある道に入り、二股に分かれた地点で右の道を選ぶ。そのまま進むと左手に兄弟を祀った曽我八幡宮がみえてくる。富士野の人々が兄弟の魂を鎮めるために建てた社である。

敵討ち事件後、頼朝は粛清を断行して体制の引締めをはかり、上洛して王権へ熱い視線を送った。しかし、建久一〇年（＝正治元年、一一九九）正月一三日、構想を実現することなく五三歳で急死した。最後に、頼朝が葬られた地、鎌倉の法華堂を訪ねてみよう。

頼朝が葬られた地「鎌倉の法華堂」

神奈川県鎌倉市雪ノ下
【交通】ＪＲ横須賀線鎌倉駅下車。徒歩二〇分。

ＪＲ鎌倉駅から、段葛・鶴岡八幡宮・横浜国大附属小・中学校を経て、清泉小学校南西の端「大蔵（倉）幕府旧跡」という石碑のある十字路まで行こう。十字路を北に向かうと、一段高くなったところに頼朝を祭神とする神社「白旗神社《しらはたじんじゃ》」がある。白旗とは、平家の旗が赤旗であったのに対し、源氏が白旗を用いたことに由来する。傍らに「法華堂跡」という標示板があり、その先は小高い山になっている。せまくて急勾配の石段を上ると、木々と玉垣に囲まれた区画に層塔《そうとう》が立っている。「頼朝の墓」と伝えられる塔である。かつては五輪塔であったが、一八世紀の後半、薩摩藩主島津重豪《しげひで》が勝長寿院にあった層塔を持ってきて取り替えたといわれている。また、近年の発掘調査によれば、現在の石段は後世のもので、鎌倉期にはもう少し西側にあったという。いずれにせよ、この小高い山の一帯に、頼朝の持仏堂である法華堂があったことは確かであり、頼朝は死後、そこに葬られたのである。

白旗神社と法華堂跡碑

鎌倉期の法華堂は、「堂」とはいっても、それなりの規模を備えた寺であり、堅固な城郭でもあった。和田合戦では実朝が避難し、宝治合戦では三浦一族が、幕府滅亡時には北条高時以下の武士たちが立てこもって戦い、自害した。その後、焼失した法華堂は再建されず、「頼朝の墓」とともに「法華堂跡」として現在に至っている。

なお、この東側の山腹にも石段がある。中ほどには北条義時の法華堂が立っていたと伝えられる平坦地がある。石段を上りきると、山肌に掘られた穴の中に五輪塔が立っているのがみえる。左から、大江広元の子で毛利氏の始祖となった「毛利季光《すえみつ》の墓」、政所別当「大江広元の墓」、島津氏の始祖「島津忠久《ただひさ》の墓」とされる塔である。ただ、いずれも後世、島津家や毛利家によって整備されたものであり、本人の墓とは考えられない。

源頼朝墓

以上、頼朝の生涯に沿って、ゆかりの地を歩いてきた。苦難の時代から、いくつもの危機を乗り越え、奇跡的な再起を果たして鎌倉幕府を創設した頼朝。その勝利と成功の地「鎌倉」で、頼朝は今もなお静かに眠っている。

【参考文献】（本書執筆にあたって参考にした文献の中で、近年に刊行された手に入りやすいものをあげる）

『吾妻鏡』巻第一・二　新訂増補国史大系　吉川弘文館　一九三二・三三年
『現代語訳　吾妻鏡』1〜8　吉川弘文館　二〇〇七〜二〇一〇年
『玉葉』巻第二・三　名著刊行会　一九八八年
『平家物語』上・下　新日本古典文学大系　岩波書店　一九九一〜九三年
『延慶本　平家物語』本文篇上・下『同　索引編上・下』勉誠社　一九九〇〜九六年
『真名本　曽我物語』1・2　東洋文庫四六八・四八六　平凡社　一九八七〜八八年
『曽我物語』新編日本古典文学全集五三　小学館　二〇〇二年

秋山哲雄『都市鎌倉の中世史―吾妻鏡の舞台と主役たち』吉川弘文館　二〇一〇年
石井進『石井進著作集第二巻　鎌倉幕府論』岩波書店　二〇〇四年
上杉和彦『大江広元』人物叢書（新装版）吉川弘文館　二〇〇五年
川合康『源平の内乱と公武政権』日本中世の歴史3　吉川弘文館　二〇〇九年
日下力『いくさ物語の世界―中世軍記文学を読む』岩波新書　二〇〇八年
黒田日出男『絵画史料で歴史を読む』筑摩書房　二〇〇四年
黒田日出男『源頼朝の真像』角川選書　角川学芸出版　二〇一一年
河内祥輔『日本中世の朝廷・幕府体制』吉川弘文館　二〇〇七年
五味文彦『増補　吾妻鏡の方法』吉川弘文館、二〇〇〇年
五味文彦『中世社会史料論』校倉書房　二〇〇六年
五味文彦編著『京・鎌倉の王権』日本の時代史8　吉川弘文館　二〇〇三年
佐伯真一『物語の舞台を歩く　平家物語』山川出版社　二〇〇五年
佐伯真一編『中世の軍記物語と歴史叙述』竹林舎　二〇一一年
坂井孝一『曽我物語の史実と虚構』吉川弘文館　二〇〇〇年
坂井孝一『物語の舞台を歩く　曽我物語』山川出版社　二〇〇五年

坂井孝一『源実朝―「東国の王権」を夢みた将軍』講談社　二〇一四年
櫻井陽子「頼朝の征夷大将軍任官をめぐって」『明月記研究』9　二〇〇四年
塩澤寛樹『鎌倉大仏の謎』吉川弘文館　二〇一〇年
平雅行編著『中世の人物三　公武権力の変容と仏教界』清文堂出版　二〇一四年
高橋典幸『源頼朝　東国を選んだ武家の貴公子』日本史リブレット「人」二六　山川出版社　二〇一〇年
武久堅『平家物語は何を語るか―平家物語の全体像』和泉選書　和泉書院　二〇一〇年
永井晋『鎌倉幕府の転換点　『吾妻鏡』を読みなおす』ＮＨＫブックス　日本放送出版協会　二〇〇〇年
貫達人『鶴岡八幡宮寺―鎌倉の廃寺』有隣新書　有隣堂　一九九六年
野口実『源氏と坂東武士』吉川弘文館、二〇〇七年
野口実『武門源氏の血脈―為義から義経まで』中央公論新社　二〇一二年
野口実編著『治承～文治の内乱と鎌倉幕府の成立』中世の人物2　清文堂　二〇一四年
兵藤裕己『平家物語』筑摩書房　一九九八年
松尾葦江『軍記物語原論』笠間書院　二〇〇八年
元木泰雄編著『院政の展開と内乱』日本の時代史7　吉川弘文館　二〇〇二年
元木泰雄『河内源氏』中央公論社　二〇一一年
元木泰雄編著『保元・平治の乱と平氏の栄華』中世の人物1　清文堂　二〇一四年
山本幸司『頼朝の天下草創』日本の歴史第9巻　講談社　二〇〇一年
米倉迪夫『源頼朝像―沈黙の肖像画』平凡社　一九九五年

五味文彦・櫻井陽子編『平家物語図典』小学館　二〇〇五年
日下力・鈴木彰・出口久徳『平家物語を知る事典』東京堂出版　二〇〇五年
福田豊彦・関幸彦編『源平合戦事典』吉川弘文館　二〇〇六年
関幸彦・野口実編『吾妻鏡必携』吉川弘文館　二〇〇八年
『神奈川の歴史散歩』上・下　山川出版社　二〇〇五年

源頼朝略年表

年号表記	西暦	年齢	事項
久安 三年	一一四七	一	源義朝と熱田大宮司藤原季範の娘との間に生まれる（義朝第三子）。
保元 元年	一一五六	一〇	保元の乱。義朝、左馬頭となり、内昇殿を許される。
三年	一一五八	一二	頼朝、皇后宮権少進に任官。
平治 元年	一一五九	一三	平治の乱起こる。上皇・天皇を掌握した藤原信頼主導の除目で、頼朝は右兵衛権佐に任じられる。上皇・天皇が脱出して賊軍となった信頼・義朝は平清盛らの軍に敗れる。義朝は東国に落ちる途中で殺され、頼朝は捕らわれる。
永暦 元年	一一六〇	一四	池禅尼の嘆願により、処刑を免れ伊豆国伊東に流罪となる。
安元 元年	一一七五	二九	伊東祐親の夜討ちを逃れて伊豆国北条に移る。
二年	一一七六	三〇	北条時政の娘政子と婚姻。二人は時政・山本兼隆を逃れて伊豆権現に駆け込む。
治承 四年	一一八〇	三四	以仁王、挙兵し敗死。四月二七日、「以仁王の令旨」頼朝に届く。八月一七日、頼朝挙兵、山木兼隆を討つ。相模に進出するも、八月二三日、石橋山で大庭景親らの軍勢に敗れ四散。海路安房に逃れる。房総半島を北上。上総氏、千葉氏ら参向する武士団を糾合、畠山氏など武蔵の武士団をも従えて鎌倉に入る。富士川の合戦。黄瀬川で義経に対面。一一月五日、佐竹秀義を攻め奥州に逐う。一二月一二日、鎌倉の大倉御所へ移徙の儀。
寿永 二年	一一八三	三七	五月一一日、源義仲、倶利伽羅峠で平氏軍を破る。七月二五日、平家都落ち。一〇月一四日「寿永二年十月宣旨」、頼朝の東国支配を公認。一一月九日、義仲、後白河の法住寺殿を攻撃して軍事クーデター。この年、頼朝、上総広常を誅殺。
元暦 元年	一一八四	三八	頼朝、後白河の要請により、範頼・義経の軍勢を入洛させる。一月二〇日、義仲敗死。

			二月七日、一ノ谷の合戦。四月、義仲嫡子清水義高を誅殺。一〇月六日、公文所を設置、吉書始を行う。一〇月二〇日、問注所を設置。
文治元年	一一八五	三九	二月一八日、屋島の合戦。三月二四日、壇ノ浦の合戦、平氏滅ぶ。五月二四日、義経、腰越状を提出するも鎌倉入りを許されず、帰洛。一〇月一八日、頼朝の刺客土佐房昌俊を撃退した義経、後白河に頼朝追討の宣旨を出させる。一一月三日、義経、軍勢を集められず、都を出奔。頼朝、代官として北条時政を上洛させる。一一月二九日「文治の守護・地頭」設置の勅許。
二年	一一八六	四〇	義経愛妾静御前、鎌倉に到着。四月八日、鶴岡八幡宮舞殿で舞を披露。
四年	一一八八	四二	義経が平泉にいることが判明。頼朝、朝廷に対し、奥州藤原氏に義経追捕を命じる宣旨を発給するよう要請。
五年	一一八九	四三	閏四月三〇日、藤原泰衡、義経を衣川館に襲い自殺させる。頼朝、朝廷に泰衡追討の宣旨を要請。宣旨を待たず七月一九日に大軍を率いて鎌倉を進発。奥州藤原氏、敗れて滅亡。
建久元年	一一九〇	四四	頼朝、大軍を率いて上洛。一一月七日入洛。権大納言・右近衛大将に任じられるも、すぐに辞任し、鎌倉に帰る。
二年	一一九一	四五	一月一五日、前右近衛大将家政所を開き吉書始を行う。
三年	一一九二	四六	後白河法皇歿。七月一二日、頼朝、征夷大将軍に任じられる。八月九日、次男千幡誕生。一一月二五日、永福寺落慶法要。
四年	一一九三	四七	五月一六日以降、富士野の巻狩。五月二八日、曾我兄弟、父の敵工藤祐経を討つ。
六年	一一九五	四九	二月一四日、頼朝、政子・大姫・頼家や、多数の御家人を伴って上洛。三月一二日、東大寺大仏殿落慶法要。都で源通親・丹後局と親交を深める。
一〇年	一一九九	五三	一月、相模川の橋の落成を祝う儀式の帰路、落馬して意識を失う。一月一三日、死去。

著者略歴

一九五八年　東京都生まれ
一九九〇年　東京大学大学院人文科学研究科博士課程単位取得
　　　　　　博士（文学）
現在　創価大学教授

〔主要著書〕

『曽我物語の史実と虚構』（吉川弘文館、二〇〇〇年）
『源実朝―「東国の王権」を夢見た将軍』（講談社、二〇一四年）
『曽我物語の史的研究』（吉川弘文館、二〇一四年）
『承久の乱―真の「武者の世」を告げる大乱』（中央公論新社、二〇一八年）
『源氏将軍断絶―なぜ頼朝の血は三代で途絶えたか』（PHP研究所、二〇二一年）

人をあるく
源頼朝と鎌倉

二〇一六年（平成二十八）二月一日　第一刷発行
二〇二一年（令和　三　）四月一日　第三刷発行

著者　坂《さか》井《い》孝《こう》一《いち》
発行者　吉川道郎
発行所　株式会社　吉川弘文館
郵便番号一一三―〇〇三三
東京都文京区本郷七丁目二番八号
電話〇三―三八一三―九一五一〈代表〉
振替口座〇〇一〇〇―五―二四四
組版　有限会社ハッシィ
印刷　藤原印刷株式会社
製本　ナショナル製本協同組合
装幀　有限会社ハッシィ

ISBN978-4-642-06790-4